JN058576

教師と保護者のための

子ども理解の現象学

土屋弥生

八千代出版

まえがき

　「理解というものは，つねに誤解の総体に過ぎない」。これは村上春樹の『スプートニクの恋人』の中にある一節です。確かに，他者を理解するということは誤解に満ちていて，私たちは気づかないうちにその誤解の総体を「理解」であるとし，他者のことをわかっているつもりになってしまっているのかもしれません。

　誤解なのかもしれないけれども，私たちは親しい人々をできるだけ理解しようと日々努力しているのは事実です。しかし，その理解が本当に正しいものなのか確信がもてなくて，不安になることがあります。また，誰かに自分を理解してもらいたいと願いながらも，それが得られないでもどかしい経験をしたことがある人も少なくないでしょう。こうして私たちは，やはり「理解は誤解の総体」なのかもしれないと肩を落とし，互いに心を通い合わせることの困難を噛みしめることになります。

　ただし，日々子どもたちと向き合う教師や保護者は，子どもを理解できないという現実をそのまま受け入れるわけにはいかない立場に立たされています。子どもを理解できなければ，教師や保護者はその本分を果たすことができないだけでなく，子どもとの関係が構築できず，すれ違い，互いの不信感さえ大きくなるという悲しい事態に遭遇することになります。

　教師は大学の教職課程の中でさまざまなことを学び，教員採用試験に合格して教壇に立ちます。多くのことを学び，試験に合格したのだから，自分は子どもを理解できるはずだと，教師は心のどこかで信じているかもしれません。しかし，教育現場にはいまだ解決で

きないさまざまな課題や問題が数多く存在します。このような状況の中で、児童生徒理解が十分でなく、理解のあり方について検討が必要であると考えている教師も少なくないと思います。

　一方、保護者は自分の子どもなのだから、家族なのだから、子どもを理解していると思い、保護者ならば子どものことを正しく理解するべきであると心から思っています。しかし、現実には保護者と子どもはすれ違い、意見が対立し、会話もままならず、いつしか保護者は「子どものことはよくわからない」と思い悩む状態になるということも少なくありません。

　子どもと真剣に向き合う立場にある教師や保護者は、やはり「理解というものは、つねに誤解の総体に過ぎない」ということを簡単に受け入れるわけにはいきません。子どもを誤解したまま、それを理解であるということに甘んじている場合ではなく、いかにして正しく子どもを理解していくのかを真剣に考える必要があります。

　本書では、子どもという人間をできる限り理解し、共に生きていこうとしているすべての人のために書かれたものです。「子どもの立場に立って」、「子どもの真の姿をとらえて」ということは、これまでも多くの場で唱えられてきました。本書は、子どもを道徳的に、大人の常識として理解するというような従来型の理解を目指すものではありません。他者を理解するということは、日常の枠組みをいったん脇に置いて、新たな思考の枠組みを受け入れることからはじまると考えるからです。従来おこなわれてきたような、子どもたちを愛情と思いやりをもって見れば、子どもたちの真実が見えてくるという牧歌的な立場とは決別しなければなりません。

　愛情や思いやりが不要であるといっているのではなく、私たちには、大学での研究知見に基づいた新たな思考枠組みが必要だと考え

ます。

　本書では，「子ども理解」に現象学的・人間学的教育学の研究知見を取り入れ，これらの知見を基盤として教師や保護者が向き合う子どもたちの本当の姿を「見る」方法を提案したいと思います。

目　　次

第 1 章

子どもを理解するために正しく「見る」

(1) 子ども理解の困難

「子ども像」の呪縛

　教師や保護者といった大人の側から子どもを見ると，子どもたちは「この子はいい子」，「この子は大人のいうことを聞かない子」など，大人の目に映る「子ども像」としてとらえられ，大人たちはこの「子ども像」を出発点として子どもと向き合います。こうしてつくられた「子ども像」はしばしば教師や保護者を支配し，苦しめる場合もあります。とらえられた「子ども像」が大人にとって好ましいものではない場合，大人たちは理想的な「子ども像」を求めて彷徨うことになります。

　例えば，「遅刻を繰り返す子ども」がいたとしましょう。この子どもは教師や保護者にとって「だらしなくて，時間を守れない子ども」であり，「何度も注意を受けたのにもかかわらず改善が見られない困った子ども」であり，そのような「子ども像」が出来上がっていきます。そして，「今日もまた遅刻した」だめな子どもとして大人の前に存在し続け，何度も同じ過ちを繰り返す場合，大人たちは呆れて，「この子には何をいっても伝わらない」と落胆し，場合によってはもう無理だとこの子どもと向き合うこと自体を諦めることにもなりかねません。

さて，このような子どもは大人には「手に負えない」子どもなのか，それでも諦めずに辛抱強く子どもに向き合うべきなのか。教師や保護者は，「子ども像」と向き合う中で理想の子ども像とのギャップに耐え切れず，でも子どもを見捨ててしまうこともできず，最後は根性論でとことん付き合うしかないなどと思うに至るかもしれません。

　しかし，ここで立ち止まってあらためて考えたい。すなわち，教師や保護者が抱いている「子ども像」は果たして本当に目の前の子どもを映し出しているのか。そもそも，「子ども像」をつくり上げているのは大人の都合や大人の価値観なのではないか。このような疑問，子ども理解のスタートとしての課題について，まずは再考したいと思います。

子どもの真の姿をとらえるという困難

　私たち人間は，私たちの目ですべてのことを見ることができると思いがちです。目に見えることには信ぴょう性があり，確かなことだと信じているのかもしれません。しかし，本当にそうでしょうか。実は私たちの目（視力）によって見えるものは，限られたものであるという方が正しいのではないかと思います。

　教師・保護者が子どもと向き合うときに最も大切なことは，普通に「目で見る」ということができないことがあるのだという自覚です。目で見えているものは，つまり私たちの網膜に映っているものは，子どもそのものではないということをまず念頭に置かねばなりません。

　つまり，子どもたちの本当の姿をとらえるには，一般的な意味でいうところの「見る」ということを遥かに超えた能力によらねばならないという真実に気づくべきだといえます。真の意味において

「子どもを見る」ということによって子どもの姿を正確にとらえるということこそが，子どもたちを育む場における重要課題であるということです。

　では，「子どもを見る」ということはどういうことなのでしょうか。目に見える子どものありよう，例えば子どもが浮かべる表情，声の調子，友人との交流の様子，学校や家庭での様子など，子どもの姿は，さまざまな場面でとらえることができます。

　ただし，私たちの目で実際に見ることができる子どもの「様子」は，「様子」のままでは子どもの本質ではありません。その「様子」を材料として，私たちが「洞察」を進める必要があります。例えば，「今日は笑顔で楽しそうにしている」と見える子どもが，実際には「悲しいことがあったのを気づかれないように楽しそうに振る舞っている」というようなことはよくあることです。また，「反抗的な態度を取っている」子どもが，実は「自信がないのを隠すためにわざと強がっていて，反抗する意図はない」ということも可能性としては十分に考えられます。

　私たち人間は，置かれた状況や環境に大きな影響を受けながら生きているため，感情は複雑になっており，目に見える様子や態度や表情は見た目の通りの意味である場合もあれば，まったく逆のことを秘めていることさえあるということです。

　このように，少し考えてみただけでも，子どもを，つまり人間というものを単純に見ることができないのは明らかでしょう。ましてや成長段階にあって，日々変化の著しい子どもたちを正確にとらえようとすれば，その複雑な真実の中に分け入ってつぶさに観察し，洞察を加えなければならないのは当然のことです。

　「子どもを正しく理解する」ということは，子どもに関するあら

ゆるデータを量的に蓄積することだけでは成立しません。多くの
データを得たところで，そのデータの一つひとつの意味するところ
がわからなければ子どもの真実にたどり着くことは不可能です。

　そして，子どもたちは生きていて，成長している段階にあって，
ちょっとした出来事や他者とのわずかな関わりなどからも大きな影
響を受けていて，日々変化し続けている存在です。子ども一人ひと
りが昨日と今日ではまったく異なる存在であるということも，子ど
もを洞察するうえでの困難を増幅させます。そこで，子どもの真の
ありようをとらえていくために，教師・保護者には卓越した「見る
力」が必要になります。

　では，子ども理解のために，子どもの本当の姿をとらえるために
は何が必要になるのでしょうか。現象学の導きにより，私たちに必
要となる「見る力」について考えてみたいと思います。

（2）子ども理解とフッサール現象学

私たちは先入見にとらわれている―超越論的還元―

　私たちは対象を見るとき，対象を認識して率直に見ていると信じ
ています。大人が子どもを見る場合にも，教師として保護者として
しっかりと子どもを見ていると，私たちは信じて疑っていません。
こうして私たちは日常生活の中で子どもを「しっかり見ている」と
思い，その結果としてそれぞれの立場における「子ども像」をつ
くっています。

　私たちが子ども理解の始点（スタート）としている「子ども像」に
ついて再考するにあたり，現象学的な視点について土屋（2021a）を
参考にして説明したいと思います。

　現象学の始祖であるフッサール（Husserl, E.）は，学問／科学の基

礎は直接経験にあるとしました (谷 2002)。教育をめぐるさまざまな行為は教師・保護者と子どもが直接関わる現実が基底となり，この現実をどのように把握するかということによって教育の方法や成果が左右されます。フッサール (1979) は，現実を求めるということは直接経験に還るということであるとしています。これがフッサール現象学の「事象そのものへ」という標語の意味です。直接経験とは，ものを見るとか触るといった具体的な経験を意味し，教育の場面では教師・保護者の教育的関わりそのものの経験です。ただし，ここでいう「見る」とか「触る」といった経験は，観察対象を自分の向こう側に対象化して，説明的にとらえられた経験のような「自然的態度」(natürliche Einstellung)[1] によってとらえられたものではなくて，この自然的態度を「エポケー」(Epoché)[2] した，物理学者マッハ (Mach, E.) がその著『感覚の分析』の中で示した「マッハ的光景」[3] (図 1–1) からとらえられたものでなければなりません。自然的態度

---

1 通常の私たちの生，通常の時間はすべて自然的態度において遂行されています。私たちは，眼前に広がる世界の客観的実在を自明なものと信じ込んで生きています。フッサールは自然的態度のスイッチを切り，超越論的（現象学的）還元をおこなうことで超越論的（現象学的）態度が獲得できるとしています。木田ほか編 (2014)，谷 (1998) 参照。

2 エポケーとは，意識が対象と素朴に関わる自然的態度を遮断し，自然的態度により得られたもの（一般定立）をいったん括弧に入れて取り去ることです。すなわち，判断中止をするということです。木田ほか編 (2014)，谷 (1998) 参照。

3 マッハの単位で知られる物理学者のマッハは，図 1–1 のような右目を閉じて左目だけで自分が直接見ている光景を描いています。この図からは，マッハ自身の鉛筆をもった右手と両足が前方に伸びていることがわかります。もちろん左手も描かれています。フッサールが直接経験と呼んだ経験は，このマッハが描いた光景における経験を意味しています。つまり，この図はマッハの直接経験です。谷 (2002) 参照。

【図 1-1】 マッハ的光景

出所）谷徹（2002）『これが現象学だ』講談社 p.46（元資料
Mach, E., *Die Analyse der Empfindungen*, Jena:
Gustav Fischer, 1992）。

にある人間が対象に対してもつ関係は，その対象の存在についての
自明的な確信を含んでいます。それに対してフッサールは，マッハ
的な主観的光景こそが根源的だと考え，多くの学問が前提とする対
象的，客観的な世界を還元しなければならないとしました。これを
フッサールは「超越論的還元（現象学的還元）」（phänomenologische
Reduktion）と呼んでいます（谷 1998，榊原 2009）。

　フッサールにならえば，この直接経験，すなわち子どもたちとの

生きた接触にある現実の経験こそがその営為の場ということになります。ここにおいて私たちは，客観的教育学が対象とする「客観的経験」（対象化された経験）との区別を明確にしておかねばなりません。

　例えば，不登校や発達障害の子どもたちのあり方や，親や兄弟あるいは友人との関係など，子どもの心の問題については，教育心理学等の事例研究ではさまざまな具体例が検討され，それらの個別的知見は実際の現場で有効に利用されていますが，フッサールは現象の本質をとらえるために，心理学の自然的態度を超越論的に還元することを求めます。

　教師・保護者は子どもと客観的に関わっているわけではありません。言い換えれば，子どもをモノとして見ているわけではありません（図1-2）。教師・保護者は子どもの切迫性をもったさまざまな出来事に関わっています。そこでは自然科学者のような態度や「野次馬」，「評論家」のような態度を範とすることはできません。直接経

【図1-2】現象学の世界　対象化してとらえない

(例)「自転車に乗る」　　　　　　　　　　①

①人間が自転車に乗っているという姿
　（「自転車に乗る」ことを対象化）

②自身が自転車に乗っているときに
　見える視野
　（主体が「自転車に乗っている」）　　②

　→「子ども」が実際に生きている
　　世界を②のようにとらえる

出所）谷徹（2002）『これが現象学だ』講談社p.179の図をもとに作成。

験はまさに教師・保護者と子どもが「出会う」場所なのです。

子ども理解の場所としての「直接経験」

　子ども理解の問題を考察するにあたってまず，確認しておかねば
ならないことはそもそも教師・保護者の子ども理解は成立するのか
という問題です。言い換えれば，他者である子どもの主観的経験が
いかにして教師・保護者自身の直接経験になりうるのかという問題
です。そのためにはまず，教師・保護者と子どもが共有する「場所」
の在処を探さなければなりません。

　フッサール（2004）は，何かを単なる現出として主観的なものと
して語り，明示することが意味をなすのは，私が他の主観を経験し，
そうして相互主観的妥当性を獲得したときだけなのであるとしまし
た。フッサールによれば，子どもを理解するということは，客観的，
物的に対象化された子どもを理解するということを意味しないとい
うことになります。さらにフッサールは，他者の具体的な経験はつ
ねにその身体的現出における他者の経験であるので，具体的な相互
主観性は受肉した主観のあいだの関係として理解しなければならな
くなるとしています。この身体についてフッサールは，『イデーン
II・III』の中で「身体論」として展開しています。これは私たちの
主観の根底に，反省以前，意識以前の段階で直接無媒介的に通底す
る身体を介した，個別的身体が生まれる以前の身体の「場所」があ
ることを指していると考えられます。フッサールによって発掘され
たこの場所の存在が，教師・保護者と子どもの相互理解を根底から
支えている場所であり，その場所の存在が教師・保護者と子どもの
相互理解の現象学的分析を可能とさせると考えることができます。

　したがって，現象学的分析の結果は単なる思弁や子どもという他
者についての主観的・印象的分析とは異なることに留意しなければ

なりません。しかし，この場所は何か思弁的な概念としてあるのではなく，例えば，子どもと会話しているときの声のトーンや話題は，別の子どもと会話するときには，話題を意識的・反省的に取捨選択するといったことによって変化するだけではなく，そのときの相手との気分的な，あるいは反省以前の関係次第で大きく変化する，可変性のある柔軟性をもった確かな場所です。

　そして，この場所から自我は立ち上がり，この能動的自我の働きにより「我々は理解し合い，相互了解のなかで，精神的に共在し関係しあっている」と考えられます。これが教師・保護者と子どものあいだに「間主観性」(Intersubjektivität)[4] を成立させ，教師・保護者と子どもの人格相互の関わりとしての相互理解を自覚的に実現することになります。したがって表面的な意味での言葉のやり取りは，フッサールの意味での「我汝連関」(Ich-Du-Beziehung)[5] を形成し得ないし，フッサールの見解に従えば，この我汝連関は「身体性」を基底としているので，この志向的越境性としての子ども理解においては身体性能力に基づいた理解が大変重要となります。

　教師・保護者はとかく子どもを理解しようと試みるとき，子どもが何を話したか，すなわち言語化された意味内容にとらわれがちです。しかし，自分の気持ちや抱えている課題を明確に言語化できる

4　間主観性とは，複数の主観がそれぞれ主観のままで（つまり他の主観の一対象としてではなく，共通の「われわれ」として），共同で築き上げる一つの相互関係のことです。木田ほか編 (2014)，フッサール (2009) 参照。

5　ブーバー (Buber, M.) は，人間と世界との関係は「我-汝」関係と「我-それ」関係の二重であるとしています。「汝」に対向する「我」は人格 (Person) と呼ばれ，出会いと対話の主体であり，「それ」に対向する「我」は個我 (Eigen wesen) と呼ばれ，認識と経験の主体とされています。木田ほか編 (2014)，フッサール (2010) 参照。

子どもはほとんどいないといっても過言ではないし，子どもとのやり取りの場面では，言葉にならない雰囲気や気分づけられたものが重要な役割を果たすことは臨床的にはよく知られていることでしょう。言葉にならない言葉を聴くことが本来的な子ども理解であり，この言語以前の本質的な出会いはまさに現象学的身体論の次元であるといえます。教師・保護者と子どもという我汝連関を形成する間主観的な身体性能力においては，子どもを感知する作用や共感する作用が重要となることはいうまでもありません。なぜなら，感知ないし感知志向性や感知能力に共通に用いられている apprehension はラテン語の apprehendere を語源とすることから，「諸感覚によって把握する」という意味が取り出せます。そして，感知と対語になる「共感」（Komprehension）の概念も同じくラテン語の comprehendere を語源とすることから，「感覚の多様さを同時に統一的に把握する」という意味で，フッサールの意味での「感情移入」（Einfühlung）が含意されることになります。

　フッサール（2013）は感情移入を，自らを他者の状態の中に置きいれること，自らを他者の中に投入して考えることと述べています。教師・保護者が子どもの中に自らを「置きいれる」とき，あるいは「投入する」とき，子どもとの匿名的な共同主観の世界が構成されることになります。フッサールの感情移入には，共に行為すること，知覚の働きの中で共に生きること，感じることが含まれており，感情移入の側面は人格的な影響という観点から，共に苦しむこと，共に喜ぶこととしてもとらえられます。フッサールは次のように述べています。「私が行なうことは，たんに自分からするだけではなく，その人の指図でするのであり，私の働きかけにおいてその人の意志が効果を現わす。ともに苦しんだり，ともに喜んだりしながら，私

【図 1-3】直接経験の場所

そもそも私たちはどうしてわかり合えるのか

そもそも私たちのあいだには，このような関係にあることが，現象学の世界では明らかにされている。

すなわち，子どもを理解するときに，**何かを媒介させる必要はない。**子どもの世界を私たちは**直接感じ取ることができる。**

通底する場所

われわれの自己の根底において，自己と他者それぞれの主観が通底している。

子どもの主観的世界が私たちにとっても主観的な世界の直接的経験として与えられる。

はたんに自我として苦しむのではなく，私の苦しみのうちに他の苦しみが生きている。あるいはその逆に，私が他者のうちに沈潜し，その人の生を生き，とりわけてその人の苦しみを苦しむ」（フッサール 2015：272）。

　ここにおいて私たちは，我汝連関における間主観的な身体性能力，とりわけ感知・共感能力の重要性をあらためて確認し，この感知・共感能力によって教師・保護者は子どもを理解するための入り口に立つことになります。したがって，現象学的な子ども理解とは，現象学的身体による理解と換言できます。

子ども理解の方法としての「本質直観」

　自然的態度にエポケーを施し，超越論的還元によって導かれた直接経験における間主観的な我汝連関を基盤とした子ども理解はどのような方法によっておこなわれるのでしょうか。土屋（2021a）を参照して考えてみましょう。

子ども理解とは換言すれば，教師に生徒がどのように現出される
のかという問題です。この現出は子どもの本質でもあります。現象
学はフッサールがいうように「それ自体として与えられたもの」
(Selbstgegebenes) を出発点として，ハイデガー (Heidegger, M.) がい
う「それ自身をそのもの自体において示すもの」(das sich an ihm
selbst Zeigende) を解明することが仕事です。これをふまえれば，子
ども理解，子どもの本質の理解とは，子ども自身が子ども自体にお
いて示すものを，教師・保護者が解明することといえるでしょう。
普段，教師・保護者は子どものことを意識的，無意識的に理解して
いると思っています。そして，現象学的立場からは，このような
「思い込み」は教師・保護者の自然的態度によってつくり上げられ
ていると考えられます。だから，ある子どもが，自分 (教師・保護者)
が思ってもみなかったようなことをすると「不意打ち」をくらいま
す。しかし，現象学的にはこのような「不意打ち」をもたらす先入
見こそが還元の対象となります。

　一見，意志が薄弱で周囲に関心のないように見えた子どもが，実
は内面には多くの思いが生じており，表現できてはいないが強い思
いをもっている子どもだとわかるというようなことはよくあること
です。

　私たちは自然的態度においては，先入見をもって子どもを見ると
いうことから逃れることはできません。どうしてもそれまでの子ど
もとの関わりの中でつくり上げられた子ども像に引きずられてしま
うのです。しかし，そのような日常の自然的態度の中でもときとし
て，はじめの印象とは異なる子ども像に出会うことがあります。こ
のとき教師・保護者は，先構成されている新たな子ども像に受動的
に出会うことになります。しかし，この現象に超越論的 (現象学的)

還元を施していない教師・保護者は，この「出会っているということそのもの」を自覚的にとらえてはいない場合もあります。

　はじめの印象とは異なる子ども像に出会うことになった教師・保護者は，以前の子ども像を修正して，新たな関わりをつくることになるでしょう。しかし，このような受動的な子ども理解では，先述した子どもの本質をとらえることはできず，場当たり的な対応しかできないことになります。また，教師・保護者の中には自身の価値観の中で構成されたその子どもの存在様相を信じて疑わず，子どもの様相変動に目を向けようとしない人もいるでしょう。このような牧歌的な自然的態度は本来的な子ども理解をもたらすことはありません。子どもを見るとき私たちは，私たち自身が描いていた子ども像から，目の前の子どものあり方がずれたり重なったりすることに着目し，「こうかな，そうではなくてこうかな」という試行錯誤を繰り返しながら本質に迫っていく姿勢が求められます。その際，自

【図1-4】本質直観（エポケーして見ること）

現象学的本質直観

×自然的態度

○超越論的態度
自然的態度によって与えられたものを「超越」することにより，子どもの本質をとらえる

「思い込み」，「先入見」（既知の情報）を留保して（エポケー：判断中止），さまざまな視点からあれこれ考える＝超越論的（現象学的）還元→子どもの本質

私たち自身が描いていた子どもの像から，ずれたり重なったりすることに着目し，能動的に反省し，修正を施し，本質に至る

分自身が思い込みや先入見にとらわれていないかどうか，自らの見方を能動的に反省し，子ども像が本質に近づくように修正を施すことにより，「子ども自身が示している子どものあり方」に至ることができるのです（図1-4）。

ゼミナール①

フッサールと現象学

　現象学の始祖であるフッサールは，私たちが生きるこの「世界」をどう理解するかということを解明しようとした。私たちに直接与えられているのは，そのときどきの流れゆく意識体験であるが，その流れには特定のパターンが認められ，私たちは意識体験のあるパターンを認めるとき，対象を知覚しており，これは知覚対象が「ある」ことを意味している。

　もともと近代物理学がその存在を無条件に前提としている「世界」とは，決してわれわれの経験に直接与えられるものではなく，それはある特定の視座から推定されたものであり，この物理学的世界も一つの意味形成体に過ぎない。この物理学的世界も含めて，「世界」の意味存在をそれが与えてくれる意識体験に還りとらえようというのがフッサールの意図するところである。

　現象学的には，教師や保護者が子どもを理解するということはこの体験流に寄り添い，その様相変動を把握することを意味することになる。

第 2 章

主体としての子どもを理解する

（1）主体としての子ども

子どもの成長と発達

　私たちが理解しようとしている子どもたちは，どのような世界に生きているのか，教師や保護者もかつては子どもだったわけですが，大人になり，社会的な立場や家族としての役割を担うようになり，いつの間にか，子どもたちが主体的に生きる世界をありありと想像することができなくなってしまいます。そこに，前章で述べたような子ども理解を阻む思い込みや先入見が成立していくと見ることもできるでしょう。

　子どもはいったいどのような世界に生きているのでしょうか。前章のマッハの図1-1のような視野で，子どもが主体的に生きる世界について考えてみたいと思います。

　子どもたちは幼いながらも，自らの成長の道を自ら歩みます。周囲の人々との関わりを通して，子どもたちの生きる世界は広がりを見せていきます。世界は，人間関係を構築し，社会性を身につけることを通して大きく広がっていきます。

　まずここで，子どもたちの成長と発達について押さえておきたいと思います。

　表2-1に見られるように，エリクソン（Erikson, E. H.）の心理社会

【表2-1】エリクソンによる心理社会的発達論

発達段階	心理社会的危機	重要な人間関係
乳児期	基本的信頼　対　不信	母親
幼児前期	自律性　対　恥・疑惑	両親
幼児後期	自発性　対　罪悪感	基本的集団としての家族
児童期	勤勉性　対　劣等感	近隣・学校
青年期	同一性　対　同一性拡散	仲間集団・リーダーシップのモデル
成人期	親密性　対　孤独	友情・性・競争協力の相手
壮年期	世代性　対　停滞感	分業と共同の家庭
老年期	統合性　対　絶望	人類

出所）吉田武男監修，高柳真人・前田基成・服部環ほか編著（2019）『教育相談』ミネルヴァ書房 p.51。

的発達論によれば，子どもたちは発達の段階において，心理社会的危機を克服しながら成長すると考えられています。ここで注目されるのは，子どもたちの心理社会的危機の克服の際に重要となる人間関係です。乳児期から幼児期にかけては，母親・父親を中心とした家族が子どもの成長に関する重要な役割を担い，さらに児童期・青年期にかけては学校等の集団における人間関係が成長の鍵を握ります。これは一見，日常生活の中で経験的にも実感できる当たり前の事実ではありますが，教師・保護者はこの事実を知りながら，そこに注目せずにいる場合も多いように思われます。すなわち，子どもの成長を第一に考える場合，教師・保護者がどの程度，どのように，子どもと関わり，子どもに影響を与え，子どもに働きかけるべきなのかということを考えたうえで子どもと接しているのかという課題が見えてきます。自分が親として，家族の一員として，教師として，子どもに関与する際には，その成長にどのように貢献するべきかを熟考する必要がありそうです。親子の関係，教師と生徒の関係は子

どもの成長にとって大切であるとしながら，具体的にはどのように
関係を構築する必要があるのかを，あまり考えていないのかもしれ
ません。そのためにはおそらく，主体としての子どものあり方を理
解することが求められると思います。

現象学的人間学でとらえる主体としての子ども

　ここで現象学的人間学の立場から，子どもたちが主体として生き
るということについて考えてみたいと思います。現象学的人間学で
は，人間と世界，心と身体の関係などの「関係」そのものの意味や
価値を読み解くことが重視されます（木村 2007）。

　精神医学者の木村（2001）は，医学的人間学での著書を多く残し
たヴァイツゼッカー（Weizsäcker, V. v.）の思想（第4章で詳しく述べま
す）を引いて，「主体」について以下のように述べています。木村は，
客観的データを根拠とした従来の科学的パラダイムが人間を因果関
係の中で理解しようとすることの限界に触れ，人間を含む生物が他
の多くの自然科学の研究対象とのあいだにもっている決定的な相違
は，それが生きているという点にあるとしました。そして「生き
る」という営みには，個々の個体として，あるいは集団（最終的には
種の全体）として，死を回避して生き続けようとする目的意志，ある
いは生を是とし，死を非とする価値評価が含まれており，つまり，
人間を含む生物の認知と行動については，外部との因果関係よりも
周囲の事象を自己の目的や価値を基準として自律的に行為している
といえ，普通われわれはこのような行為者を「主体」と呼んでいる
（木村 2001：308-309）と述べています。そしてこのことから木村は，
人間の研究には「主体の導入」が求められることになるといいます。

　ここで留意しなければならないのは，木村が述べているヴァイツ
ゼッカーの「主体」概念は，単に実在者のこのようなあり方につい

ていっているのではないという点です。ヴァイツゼッカーの「主体」概念は，生きものが環界との接触面，人間であればその人と世界との「あいだ」そのものが成立する「原理」を意味しています。だから，人間はこの「あいだ」を成立させることができなければ，そこには死が待ち受けることになります。

　このことをふまえ，私たちは子どもを見るとき，子どもの主体／主観というものについて誤ったとらえ方をしてはなりません。子どもの「主体」とは子どもに関わるわれわれ教師・保護者との「あいだ」に成立しているものと理解することができます。子どもとは教師・保護者にとって同一の世界を経験している主体であると同時に，同一の世界を経験しているにもかかわらず別々であるともいえる反論理的な存在なのです。子どもをわれわれの向こう側に対置し，子どもの主体が固定的で不変のものであるととらえてしまうと，教師や保護者は子どもを正確に見ることはできません。両者の世界は同じであり，同時に別々であるということを前提とすることが肝要なのです。子どもを教育するということの原点には「子どもを見る」ことがありますが，その際に子どもの「主体」の問題は重要な出発点となります。

　教師・保護者が子どもを見て理解するときに，「自分自身が子どもの立場ならこのように感じるだろう，このように考えるだろう」と考えることで，子ども自身について誤った像をつくりだしてしまう可能性が高くなります。いわゆる「子どもの身になって」理解しなければならないということは，子どもと教師・保護者の「あいだ」でその都度その都度成立する「主体」として把握されなければならないということを意味しています。子どもという主体を教師・保護者という主体の分身のごときものであると実体化して想定してしま

うことは，子どもの見方として大きな誤りに陥ることになり，子どもとの「あいだ」の構築にも支障をきたし，子どもを危機に追い込むことにもなりかねません。

「子どもの身になる」ということはその子どもの「生きている主体」としてのありようのそのものに肉薄することにほかなりません。それは子どもを見ている教師・保護者という主体のあり方に寄せて子どもという主体のありようをとらえることではなく，子どもという主体の生きる営みに寄り添いつつ，教師・保護者自身が主体として子どもと関わることによって，はじめて子どもが抱える悩みや課題，問題の本質が見えてくるのです。

一般的に「子どもの主体性を大切にする」ということがよくいわれていますが，子どもの成長を促そうとするならば，現象学的な意味で子どもという主体のあり方を理解し，子どもとの成長に寄与するような「あいだ」を形成することが，教師・保護者には求められます。

(2) 子どもと身体

身体として生きる子どもとその成長

子どもの成長を考える際に，現象学では「身体」ということを重視します。第1章で，私たちの主観の根底に，反省以前，意識以前の段階で直接無媒介的に通底する身体を介した，個別的身体が生まれる以前の身体の「場所」があることを確認しました。

また，子どもたちが発達し成長するということと，人間と関わり，「あいだ」を形成することが求められ，この「あいだ」に主体が成立するわけです。

ここで，ドイツのスポーツ教育学者であるグルーペ (Grupe, O.) の

著書『スポーツと人間』から，子どもの身体活動と成長の関係について見てみたいと思います。

　グルーペ (2004) は，子どもを人間学的に理解するうえで，総合的に「身体」を理解しなければならないとし，「身体性」は自分自身を知り，自分自身を経験し，自分自身を成長させることであるとしています。さらに，子どもは「身体性」を通して，自身の可能性と限界の両方を経験していると述べています。

　私たちは，身体を動かすこと，スポーツをすることは人間の成長に欠かせないということを経験的には実感しています。それは健康維持のため，身体の発達のために必要であるということは一般的に考えられていると思います。グルーペは，そのような外的に測定できるようなスポーツの役割にとどまらず，子ども自身が生きる「世界」との関係に着目し，身体を精神と区別できるものとはせずに，子どもは総合的に，身体と精神が一体となったものとして理解されるべきであり，子どもの身体は「個人の生活と世界の生活の仲介者」(グルーペ 2004：112) であると述べています。

　子どもが社会的な存在として生きていくには，多くのことを学び，経験する必要がありますが，それは身体を伴う知覚・体験・運動を通して身体性の構築をおこなうことによって可能となります。身体実感を経た学びは，子どもの生きる世界そのものを獲得するための，大変重要な機会であると考えられます。

　このように，グルーペは，子どもたちの「世界」との関わり方に，子どもの知覚，運動，身体的な感性といったことが深く関係しているということを示し，「わずかしか運動しない子どもは，身体的にどこか抑制され，運動によって世界を知覚し体験し手に入れることができないか，できてもほんのわずかであり，身体的な悩みを抱え

るだけでなく，他人や世界との関係も厄介になる」（グルーペ 2004：117）としています。

　子どもの不登校についての問題，ICT 教育の今後，子どもの自己肯定感の問題について考える際に，グルーペの見解は大変示唆的です。私たちは，ともすると頭で考えること，知識を蓄えること，心で感じることを学びであるように限定的に考えます。根本に返れば，「生きる」ときに身体は欠かせません。身体を置き去りにして学んでも，「生きる」ことにつながる学びにならないかもしれません。

　教育現場で，深い悩みの中にいる多くの子どもたちと出会いました。筆者が教師として子どもたちに語りかけた言葉に，子どもたちは耳を傾けてはくれましたが，教育者が投げかける言葉の限界もひしひしと感じました。

　大人が子どもに語りかける言葉は，子どもたちの新たな世界を開く契機にはなるのかもしれません。しかし，重要なのは，実際にその世界で生きる子ども自身が力をもつことです。他者からの言葉はその人の悩みを救うきっかけにはなるけれども，その後ずっとその人が生きていくための力は，自らの身体から湧き上がるものである必要があるのだと思います。子ども自身が世界を生きる力の源泉としての身体性の獲得について，注目しなければなりません。第7章で，身体と子どもの成長について，具体例を示しながら述べたいと思います。

身体を通した活動の重要性

　ここではまず，子どもたちの自尊感情と体験活動の関係について考えてみたいと思います。

　前述のグルーペ（2004）の見解を裏づけることとして，図2-1にあるように，自然体験の機会を多くもった場合に，より自尊感情が高

【図2-1】 自尊感情と自然体験の関係

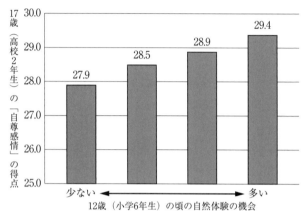

出所）文部科学省（2021）「令和2年度青少年の体験活動の推進に
　　　関する調査研究　報告パンフレット」https://www.mext.
　　　go.jp/content/20210908-mxt_chisui01-100003338_1.pdf

くなるという結果が見られました。ここでの自然体験の内容は，
キャンプ，登山，川遊び，ウインタースポーツなどで，いずれも身
体を伴う活動です。身体活動をおこなえば，どんなものでもどんな
形態でもよいのかというところには検討の余地がありますが，グ
ルーペ（2004）の身体と子どもの世界の関係性を基盤として考えれば，
自然体験学習を通して，子どもたちの身体性が構築され，その後の
自尊感情によい影響をもたらしたと考えることはできるでしょう。
　その場合，子どもたちは身体を通して何を学ぶのか。それは，
「わかる」，「できる」ということを，身体実感を通して疑いようの
ないかたちで学ぶということだと考えられます。
　ITが飛躍的に進んだ現代社会において，人間の生活や人間同士
の関わり方は大きく変化しました。世界中のどこにいても，誰とで

もつながることができる時代が到来し，インターネットという大きな技術革新はわれわれ人類の生活様式に革命を起こしたといえるでしょう。

　その結果，子どもたちの生活に目を向けてみると，スマートフォン，デジタル化された情報，SNS，オンラインゲーム，動画を見る・配信するなどで多くの時間を占められるようになりました。現代社会に生きるわれわれは技術革新の恩恵を受け，大きな利便性を獲得しました。しかし，このように思うのは大人だけかもしれません。子どもたちはそのような利便性が既に「ある」世の中で育ち，その利便性はますます拡大していく一方であるだけに，ソーシャルメディアなしの生活など思いも及ばないことでしょう。人間が間接的なコミュニケーションの中に生きることになり，従来の直接的コミュニケーションでなければならなかった部分を，新たなコミュニケーションツールで代替できるようにもなりました。直接会わなくてもインターネットで会話ができますし，ゲームの対戦だってできます。直接会って話をしたり遊んだりしなくても新たな友だちをつくれると，子どもたちは思っているのかもしれません。ツールの発達と普及によって，日々，直接的コミュニケーションの領域と役割は減少しているようにも見えます。

　コミュニケーションは「文字」や「画像」，「動画」などによって媒介されるようになり，時間と空間さえも媒体を通じて共有するという状態です。しかし，例えば相手の息遣いや相手との距離感，微妙な間といった雰囲気は媒体を通じて感じるものと，直接感じるものとでは大きく異なることも事実です。「文字」や「画像」や「動画」は，発信側によって操作することが可能です。都合のいいところを切り取ることも可能ですし，都合が悪い部分は見せないでおく

こともできるでしょう。

　しかし，人間は媒体を通じたコミュニケーションのみで生きることは不可能です。私たちには生身の人間としての生活があり，身体があり，バーチャルリアリティはやはり仮想であって現実ではないということは，私たち自身もよく知っていることです。

　現代において，精神的な病に苦しむ人が増えているとされています。その多くは「関係性」の病といえるかもしれません。生身の人間の関係性はとても厄介です。集団の中に一人でも不機嫌な態度を取る人がいれば，その場はとても居心地の悪い息の詰まる空間になってしまいます。それが人間の社会です。しかし，そのことをよく知っておけば，少々嫌なことがあっても，集団の中にいるときには不機嫌さを表現しないように気をつけることで皆が不快な思いをするのを避けることもできます。人間は，生身の身体をもってコミュニケーションをすることから，お互いの思いを知ったり，自分の言動を制御したりすることの大切さを学びます。

　生まれたときから，すべてを間接的なコミュニケーションのみで済ませるということは，人間が生物である限り不可能でしょう。他者に助けられることを前提にしか，私たち人間は存在することができないからです。話すことも，歩くこともできない乳児は他者の助けと愛情がなければ生命を維持することさえできません。

　このように考えると，私たちは人間同士の直接的コミュニケーションを不可欠として生きていることは明らかです。間接的なコミュニケーションはそこに補完的に加えていくものであり，コミュニケーションの領域や機会を拡大できるという意味では重要なものでもあります。ただし，人間としての直接のコミュニケーションというものを体得したうえではじめて，間接的コミュニケーションが

生きてくるというものだと思います。

　学校教育の中にもICTを取り入れることが推進され，デジタル教材や双方向授業ということが取り上げられています。技術革新の成果を教育現場に生かすことは，いうまでもなく大切なことです。ただし，学校教育には「直接」人間が交流し，協力し，共生するトレーニングをおこなう場としての重要な役割があることを忘れてはなりません。

　他者との関わりは自分自身を知ることにつながります。言葉を交わしたときに，相手の表情や声や振る舞いを見ることで，自分が発した言葉が相手にどのように受け取られたのかを知ります。日々の学校生活の中で，自分と相性のいい人もいれば，互いに苦手意識をもってしまう人もいるということを肌で感じることができます。生徒たちは，そういう何気ないやり取りの中で，自分自身のあり方や生き方を模索していくものです。それは授業の場面でも，部活動の場面でも，委員会活動の場面でも，いつも繰り返しおこなわれていることです。あまりに当たり前過ぎて，直接的コミュニケーションの意味など考えることがないかもしれませんが，実は毎日が，人間が生きるうえでの大切な訓練になっているのです。

　一部では，学校には通わずに，「バーチャルな学校」で学習を進めるというシステムが考えられているようですが，そこでおこなうことができることは学校教育の中のほんの一部のことでしょう。自らの身体をもって生身の人間同士がやり取りをすることには，私たちが普段考えている以上の大きな意味があるということです。

　「体育」の授業を見ていると，子どもたちの様子が手に取るようにわかります。「体育」以外だと，学校行事の場面や委員会活動の場面，さらには作業を伴うような集団での活動の場面でも，子ども

の今の状態を知るための材料を見つけることができます。

　人間は身体をもって動いているとき，共に作業に没頭しているとき，嘘をつくことができません。言葉では嘘がつけますので，例えば，生徒と教師が一対一で相談などをおこなう際には，その中につくられた情報が入ることはやむを得ないことです。生徒は仮に悩みや問題を抱えていても，そのことをそのまま言葉にして表現するとは限りませんし，無理をしている状態にあっても「大丈夫」と答えることさえあるでしょう。

　しかし，例えば「体育」の授業での生徒の様子を見ていると，生徒の内面の状態や，発達の段階を見て取ることができるのです。集団の中で，周囲のことを丁寧に気遣いながら動いている生徒もいれば，自分のことで精いっぱいで周囲のことが見えていない生徒もいます。「体育」の中で，チームをつくってゲームをしている様子を見ていると，チームのメンバーとうまい距離感をつくりながらプレイしている生徒もいれば，何となくチームに加わっているだけで協力の意志をもっていない生徒もいます。同じようにプレイしているように見えて，一人ひとりは集団の中で異なる状態で存在しています。

　「体育」やその他の活動を伴う授業では，たとえやる気がなくても他者と関わらなくてはいけないというところが，座学の授業とは異なります。生徒たちは嫌でも，集団で活動することを強いられます。もちろん，どうしても嫌な場合には何らかの理由をつけて「見学」することもあるでしょう。しかしその場合には，その生徒が「見学」という立場を取らなくてはならない状況（内面的にも，身体的にも）なのだということがわかります。いずれにしても，身体活動をおこなう生徒の様子を見れば，あらゆることがわかるということ

です。

　何度か継続して「体育」の授業を見ていると、回を追うごとに生徒の様子に変化があらわれるのに気づきます。チームメイトに声をかけることができなかった生徒が、徐々にチームメイトと打ち解けていって小さな声でパスの合図を送ることができたり、コートの端の方にいることの多かった生徒が、あるときうまいパスが偶然回ってきてファインプレイをすることができた日からチームでの自分の役割を自覚するようになったり、小さな変化がその生徒の大きな成長につながっているのがわかります。

　これらのことは、子どもたち自身の生身の経験であり、いわゆる間接的なコミュニケーションでは実感することのできないことです。あるとき偶然にチームに貢献できるようなファインプレイをすることができるという機会は、ある意味では神様が与えてくれたチャンスですが、それを契機に自信をつけて他者との関わりに積極的になっていく子どもたちを何人もこの目で見ました。

　ただし、どんな「体育」の授業でも以上のような光景を目にできるとは限りませんし、子どもたちの成長がいつでも期待できるわけではありません。「学校体育」を担う保健体育の先生方の力量によってであることも事実です。「学校体育」を実践する教師が、生徒たちの身体活動の意義を十分に理解したうえで授業をおこない、その中で生徒に適切な経験の場を提供しているかどうかが問われます。

　「学校体育」の問題点について、思想家で武道家の内田樹も著書の中で以下のように述べています。

　　「他人と共生する能力」こそ、人間が生き延びる力のうちで

最大のものであり，人間の身体はそのための資源が豊かに蔵されていて，開発を待っているわけですけれど，そういう能力は適切なプログラムがあれば開花するという事実は学校体育ではまったく問題にされない。「他者との共生」は倫理や道徳の課題だと思っている。ちがいますよ。「他者との共生」は身体的経験なんです。身体実感から始まるものなんです。その実感は質の高いチームスポーツや武道の形稽古を通じてなら習得できる。でも，いまの体育はそういう能力を時間をかけて開発することよりも，勝敗優劣を優先させている。共生よりも競争を優先させている。だから，人間として最も優れた高度な「他者との共生能力」を持ちながら，自分の身体は「出来が悪い」と信じ込まされている子どもたちがたくさんいる（内田・鈴木対論 2015：142-143）。

　これまで自覚されてきたとはいいがたい，この学校教育現場における子どもの成長機会の提供，つまり生身の人間同士の複雑な関わりによるトレーニングの場を設けるということの意味を，私たちはしっかりと理解する必要があるように思います。間接的なコミュニケーションが拡大の一途をたどり，大きな力で人間の世界を覆い尽くそうとしている現代社会において，子どもたちが「生きる力」，「他者と共生する力」を得るためのトレーニングの場は，とても希少で貴重であるということを心にとどめておきたいと思います。教育に委ねられた使命は，一般的に思われているよりもだいぶ重大なものなのです。

ゼミナール②

子どもの身体活動における学び一「練習」を通した自己自身との対話一

　子どもの身体活動の意味について考えるにあたり，人間学的教育学者ボルノウ（Bollnow, O. F.）の『練習の精神』に著された練習の意義について見てみたい。

　学校での学習活動はかなりの時間が「練習」的なものに費やされている。身体活動を伴う体育や芸術教科のような技能習熟が求められる学習や，計算ドリルや漢字ドリルなどのように反復練習によって記憶を定着させる必要のある教科においては，反復練習の意義は認められていることだろう。しかし，人間学的な教育学を標榜したボルノウが指摘しているように，「練習」という営みは，少なくともヨーロッパにおいては決して高い評価を得ておらず，学校やその他の形式の養成ではかなり軽蔑された下位の役割を演じていたという。このような軽視の理由についてボルノウは，ヘルバルト（Herbart, J. F.）の「退屈であることは，授業の最もひどい罪である」という言を引き，「練習」の問題性が一般的な授業状況における退屈さによって根拠づけられ，その嫌悪が19世紀の終わりにはじまる「改革教育学」（Reformpädagogik）によって強化されたとしている。つまりここでは，練習が機械的反復として特徴づけられてしまい，そこには人間の創造的作用は存在しないかのように扱われてしまったのである。一方で反復練習は，あることがらを記憶し，技能として身につけるためには必要不可欠であるとされ，意図的な習熟のため，つまり何事かを「身につける」ためにはなくてはならないものである。さらに，一定程度の技能的習熟は，その後の学習を継続させるためにも，学ぶことの喜びや楽しさを発生させるためにも必要不可欠でもある。

　土屋（2022a）は，ボルノウの練習論について，ヘリゲル（Herrigel, E., 1981, 1982）の弓術の練習に関する考察を通して現象学的身体性が伏在していることを明らかにした。

　この論稿によれば，やり方の起源をたどる現象学的な発生的分析

（第6章参照）という練習のあり方は，現象学的身体性を基底に据えたキネステーゼ注)意識を用いた学び手の自己と練習内容の対話であるという。

　この自己と練習内容との「対話」こそがボルノウのいう練習であり，練習の内在目的論的な教育的価値である。本来的な意味での練習は，ウエイト・トレーニングのような練習が手段化されて，「筋を太くするため」という生理学的，外在的，実用的な目的のためにおこなうという目的論的構図とは異なる，そのやり方（Bewegungsweise）の自在化の極みを無限に追究するという自己自身との対話の中に脱目的的な内在目的論的価値を見出すところに意味がある。そして，この先に「内面の自由」が獲得される。この内面の自由の獲得こそ，ボルノウによって発せられた「練習は，正しく理解されれば，外から持ち込まれた何らかの動機づけによらずに既にそれ自体として喜びをつくりだすものであり，したがって人間は，練習によって獲得され得る何かの効用のためではなく，練習そのものへの純粋な喜びから好んで練習するのではないのか」（ボルノウ 2009：29-30）という問いの答えなのではないだろうか。この意味において，現象学的視座からとらえた練習は，動物の調教と異なることはもとより，心理学的学習の意味における練習とも異なることになり，ボルノウの目指す「練習」となるのではないか。そして，このような練習における自己との対話を教師が促すことによって練習における本来的な学びが成立し，またそこに教師と生徒の学びの共同体が成立するための基盤が整えられる。

　以上のことから，このような「練習」では，練習過程における現象学的な発生的分析の能力が重要であり，練習における自己との対話とはこの発生的分析能力を高めていく営みであると換言することができるであろう。また，このことは新たな練習方法を生み出すことでもある。練習における発生的分析の重要性はこの意味において解されなければならないだろう。そして，このような「練習」の回り道の道程に練習の教育的意義を見出すことによって，練習は教育の中に重要な位置をもたらされることになるだろう。

　子どもたちのおこなう身体活動の中には，以上の練習の考察に見

られるように「自己との対話」という意義が含まれている。練習なのどの身体活動は，単に身体を動かすという意味を大きく超えて，子どもたちが人間として成長するための契機となる可能性を秘めている。

注) キネステーゼは，運動と感覚との不可分な結合，ないしは運動としての知覚を意味する。木田ほか編（2014）参照。

第 **3** 章

子どもとのコミュニケーション

(1) 現象学におけるコミュニケーション

　子どもとの「あいだ」を成立させるためには，子どもとのコミュニケーションが欠かせません。子どもが落ち込んでいるときには，どんな言葉をかけたらよいのだろうか。子どもの機嫌が悪いときには，どのように子どもと関われるのか。子どもと向き合う人たちにとって，子どもとのコミュニケーションをめぐる悩みは尽きません。

　子どもとの関わり方についてマニュアル的なアドバイスを見かけることはありますが，目の前の子どもとのコミュニケーションに有効なマニュアルはそう簡単には見つからないと思います。

　ここでは，現象学を導きとして，コミュニケーションの構造を明らかにしたいと思います。そもそもコミュニケーションとは何か。第2章で述べた，主体としての子どもと関わり，適切な「あいだ」を成立させるためにも，コミュニケーションの構造を明らかにする必要があります。ここでは，土屋（2022b）に示された言語を介在しない現象学的なコミュニケーションについての研究成果に基づいて，子どもとのコミュニケーションのあり方を考察していきます。

　表3-1は，フッサール現象学によって考えられるコミュニケーションの構造です。私たちは，日頃「コミュニケーション能力が高い」とか，「コミュニケーション不足はよくない」とか，コミュニ

【表3-1】フッサール現象学によって考えられるコミュニケーションの構造

上層	能動的志向性の世界 　　能動的コミュニケーション 　　言語などでおこなわれる一般的なコミュニケーション
基層	受動的志向性の世界 　　受動的コミュニケーション 　　身体性におけるコミュニケーション 　　無志向性，共にあるという世界

出所）「フッサール現象学の三層構造」（山口一郎〔2002〕『現象学ことはじ
　　め―日常に目覚めること―』日本評論社）をもとに作成。

ケーションという言葉を多用しています。ここで，現象学の立場で
コミュニケーションということをあらためて考えてみると，私たち
が日常で用いているコミュニケーションという言葉の意味は，限定
的な領域のことではないかということがわかってきます。

　フッサール現象学に基づいて考えてみると，私たちが「コミュニ
ケーション」といっているときの意味は表3-1の「上層」の部分に
ついてである可能性が高いと思います。すなわち，よどみない言葉
で相手に話しかける，双方の会話が弾む，表情や身振り手振りを交
えて活発に意思のやり取りがおこなわれるといった，ある意味では
顕在的な人間同士のやり取りを私たちは「コミュニケーション」と
呼んでいると考えられます。すなわち，それは「能動的志向性の世
界でおこなわれる能動的コミュニケーション」であり，おもに言語
などでおこなわれる一般的なコミュニケーションというものです。

　現象学の導きにより，いわゆる一般的な意味でのコミュニケー
ションを支える表3-1の「基層」のコミュニケーションの領域があ
ると考えることができます。「基層」は，第1章で示した「私たちが
出会う直接経験の場所」にあたります。つまり，コミュニケーショ
ンにおいては，客観化された「子ども像」を念頭に置いたやり取り

ではなく，直接無媒介におこなわれるやり取りをおこなうことが求められます。自然的態度でとらえた子どもに対する働きかけは功を奏さないでしょう。つまり，コミュニケーションを成立させるためには，現象学的には「基層」を充実させることが重要です。ここで確認しておきたいのは，「基層」は受動的志向性の世界だということです。「上層」の能動的志向性の世界とは異なり，身体を媒介として「共にあるという世界」であるということです。能動的志向性の世界では，相手に働きかける言葉の内容やタイミングなどが重視されます。私たちはこれらの選択を繰り返して，ある意味では意図をもって相手とのやり取りを成立させようとします。これらの「上層」のコミュニケーションの成否は，実は「基層」におけるコミュニケーションのあり方に左右されているのではないかということです。子どもとのコミュニケーションを考えるうえで，重要なポイントになるので，現象学的に考えられる「基層」における受動的コミュニケーション，身体性におけるコミュニケーション，無志向性，共にあるという世界ということについて，以下に説明したいと思います。

(2) 心理学と現象学のそれぞれの非言語的コミュニケーション

　現象学における「基層」は，非言語のコミュニケーションがおこなわれる場所として想定されますが，ただしそれは，心理学における非言語のコミュニケーションとは異なるものです。現象学における「基層」のコミュニケーションの領域についてさらに明らかにするために，心理学と現象学のそれぞれにおける非言語的コミュニケーションについてのとらえ方を見ておきましょう。

　『発達心理学辞典』によれば，「非言語的伝達 (nonverbal communication) とは，表情，視線，身振り，姿勢，パーソナル・スペース，

接触，匂い，服装など，言語以外の情報源を用いて，相手の感情状態や意図を理解するコミュニケーションの様式」(岡本ほか監修1995：577) とされています。この記述から，心理学における非言語的コミュニケーションでは客観化してとらえられた情報源を用いて，対象化された相手の感情状態や意図を理解することが基盤となることがわかります。

　次に，現象学における非言語的なコミュニケーションについて，先行研究をもとに検討してみましょう。

　松尾 (1987) は，精神科医としての臨床に基づいて，統合失調症に関する現象学的精神病理学の立場から治療論を展開しました。松尾は，言葉を発せず姿勢すら変えない状態の統合失調症患者の治療場面において，患者と自身の関係について当初は「ただ"待つ"以外には他に術がなく」，「私の存在自体が彼によって拒絶されているように感じられた」(松尾 1987：9) と表現しています。しかし，次第に「何とか喋らせようなどという意志をもたず，……ただ私自身の思いに耽っているときには，彼と一緒に居ることが何か許されているように感じられてきた」(松尾 1987：9) とし，このような医師と患者の関係を「無関係の関係」(松尾 1987：241) と呼び，このような「沈黙」こそが根源的な治療的契機であるとしています。

　また，西村 (2001) は自身の看護師としての臨床の経験の中で出会った植物状態と呼ばれる患者との交流について現象学的な立場で研究をおこなっています。西村によれば，植物状態と呼ばれる患者は，客体として観察されたときには，運動機能のほとんどを，また意識の兆候として確認できる表現のほとんどを失っていて (西村2001：149)，言語機能を完全になくした状態にあります。しかし，現場の看護師はこのような患者のケア場面において，患者と何らかの

やり取りを経験しているというのです。西村は，看護師たちの「視線がピッと絡む」，「手の感触が残る」，「患者の雰囲気をつかむ」（西村 2001：150–205）といった，患者との関わりで感じ取った経験的事実，すなわち身体的・感覚的・主観的にとらえられる「受動的世界の共有」について注目し，このような経験をメルロ＝ポンティ（Merleau-Ponty, M.）の「身体論」を引きながら「全身で相手にのめり込んでいくある種の身体の運動」（西村 2001：166）と表現しています。

これらの先行研究の記述から，言語でのコミュニケーションの手段が絶たれている状態の中での，現象学的な世界におけるコミュニケーションの可能性を見ることができます。

以上のことをふまえ，土屋（2022b）は，心理学と現象学における非言語的コミュニケーションの相違を表 3-2 に整理しました。

コミュニケーションを成立させるにあたって，心理学では自然的態度により対象を客観的にとらえるのに対し，現象学ではこの自然的態度にエポケー（判断中止）を施し超越論的還元をおこないます。すなわち対象を理解するための態度設定という点で根本的な相違が見られます。また，心理学においては，コミュニケーションの相手

【表 3-2】 心理学と現象学における非言語的コミュニケーションの相違

	非言語的コミュニケーションにおいて対象を捉える立場	非言語的コミュニケーションの基盤
心理学	自然的態度 （相手を対象化）	客観化された情報源を用いて，対象化された相手の感情状態や意図を理解
現象学	超越論的態度 （自然的態度をエポケーし，超越論的還元をおこなう）	身体を基底として，開示される受動的世界での関係を構築（「無関係の関係」，「受動的世界の共有」）

出所）土屋弥生（2022b）「緘黙傾向が見られる児童生徒の理解に関する現象学的一考察」『学校教育研究』第 37 号。

やコミュニケーションそのものが対象化されていて，そこでの能動的・意識的・客観的に把握された情報源が重視されますが，現象学的な立場では，先に見た松尾の「無関係の関係」や，西村の「受動的世界の共有」に見られるように，超越論的態度による身体を基盤としたコミュニケーションが重視されます。

　すなわち，先に示した「基層」は，私たちが通常「コミュニケーション」と呼んでいる言語を媒介とした能動的なコミュニケーション（上層）の基層となるものであり，松尾の「無関係の関係」，西村の「受動的世界の共有」もこの「基層」に属するものであると考えられます。松尾や西村に見られる客観的には無反応に見える患者との交信は，「基層」の身体を基底としたコミュニケーションの世界におけるものと解することができます。このような現象学的な受動的世界におけるコミュニケーションに関する議論は，ともすると自然科学的な客観主義に慣れ親しんだ者によって単なる主観的で曖昧なものと誤解され，その重要性が見失われがちですが，哲学者ヘリゲルが記した「弓術」などの技芸の世界ではその存在がよく知られています[6]。

　「基層」の存在を示すことで，言語というコミュニケーションツールにより覆い隠されがちな「受動的世界」の重大な機能が顕在化されました。子どもたちの成長を支え，促すことのできるやり取りを実現させるためにも，子どもとのコミュニケーションにおける「基層」の充実とその機能について理解しておく必要があると思います。

6　ヘリゲルは弓道師範阿波研造の門下に入り，数年間にわたり弓道の修行に励んだ体験を『日本の弓術』（ヘリゲル 1982）にまとめていて，そこでは弓術の技能習得における受動的世界が表現されています。

ゼミナール③
雰囲気・気分の現象学的理解

　松尾（1987）の「無関係の関係」において患者の状態を感じ取ったり，西村（2001）の「受動的世界の共有」によって患者の雰囲気をつかんだりといった，医療現場における治療場面での医師や看護師の経験的事実は，現象学的なコミュニケーションの「基層」のあり方について考えるうえで示唆的である。

　土屋（2017a，2021a）は教師の生徒指導においては，その感知・共感能力によって児童生徒の「雰囲気」をとらえることが出発点になるとしている。ここでいう「雰囲気」とは自己身体的に感知される情感づけられた空間であり，この空間は人と人，人と物といったものの「あいだ」の関係そのものとして存在している。したがって，子どもの理解においては，まずその子どものまとう「雰囲気」を感知することが重要となる。

　この「雰囲気的なるもの」は意識の能動的な作用に先立って身体が受動的に感知するものである。子どもと教師・保護者のあいだに生成される雰囲気は「子どもと子どもに関わる大人」というフッサール（2001）の意味での直接無媒介的に通底する「原身体」の場所で「我汝連関」を発生させる。この場で教師・保護者には，サルトル（Sartre, J. P., 1999）の意味での「全身感覚」（le coenesthésique）によって子どもを前にした自らの身体に生じる「気分」に注目することが求められる。この意味での「気分」は，サルトルがその著『嘔吐』の中で「吐き気」の現象を考察したように，シュミッツ（Schmitz, H., 1986）の意味での身体の「状態感」（Befindlichkeit）として理解しておかねばならない。

　さらに，この現象学的意味での「気分」は，教師・保護者と子どもを含む情況との漫然未分の状態として存在する（ボルノウ 1985）。そして教師はこの気分を手がかりとして緘黙傾向の児童生徒が何を求めているのかといった受動的志向性の「気配」を感知するのである。もちろんここでいう「気配」は，フッサールが『論理学研究』

【図 3-1】雰囲気・気分の現象学的理解

そもそも私たちのあいだには、このような関係にあることが、現象学の世界では明らかにされている。

雰囲気

気分　気分

気配

気分を手がかりにして子どもの気配（受動的志向性）を把握する。

すなわち、子どもを理解するときに、**何かを媒介させる必要はない。**子どもの世界を私たちは**直接感じ取る**ことができる。＝感知・共感能力

通底する場所

われわれの自己の根底において、自己と他者それぞれの主観が通底している。
★現象学的なコミュニケーションの「基層」

で考察している意識の志向性の漫然とした無規定性を特徴とする「方向不定の志向性」を指している（フッサール 1974：194）。さらにつけ加えておくと、ここでは教師・保護者の身体性としての感知・共感能力が作動していることはいうまでもない。

　このように現象学的な視点からは、教師・保護者自らの「気分」というものによって開かれる場において、子どもの受動的志向性の「気配」が把握されるとき、教師・保護者の子ども理解と働きかけをするための準備が整うことになると考えられる（図 3-1）。

第 4 章

子どものパトス的理解

(1) パトス的理解とは何か

パトスとは何か

　パトスとは日本語では「情念」と訳されます。ドイツの医学者ヴァイツゼッカー (ゼミナール④参照) は，人間は「パトス」的存在であるとしました。つまり，私たち人間は，固定的で不変の存在ではなく，むしろ情念の変容と共に絶えず変化し続ける不安定で不確定な存在であるということです。

　ヴァイツゼカー[7] (2010) によれば，人々は普段，表面的，因果的，個別的，原子論的に対人関係 (交わり) を考えており，「この関係」が存在的な事態ではなく，パトス的な「ゆらぎ」なのだということを完全に見逃しています。

　そしてヴァイツゼッカーは，次のように述べています。「私がなにかをしようと思う (will) のは，それが現在はない (nicht ist) からである。もし現在すでにそうなっているのなら，それをしようとは思わない。あるいはそういう意志をもつことなどまったくできない。私がなにかをできる (kann) のは，それがやはり可能性としてはあっても現実性としてあるのでないからである。さらに，私がなに

7　ヴァイツゼカーとヴァイツゼッカーは同一人物です。人名の表記については各引用参考文献の著者名の訳に従っています。

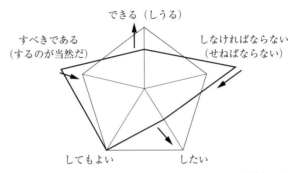

【図4-1】パトスカテゴリー

パトスのゆらぎ，不均衡の是正

できる（しうる）

すべきである
（するのが当然だ）

しなければならない
（せねばならない）

してもよい

したい

注）ヴァイツゼッカーが提唱するパトスカテゴリーを筆者が図
にした。パトスが均衡状態にあるときは正五角形をなし，
パトスに歪みがあらわれると変則的な五角形になる。パト
スを調整するには，過剰なパトスが緩和され，不足してい
るパトスが補われる必要がある。

かをしてよい（darf）のはそれが許されているからだし，私がなにか
すべき（soll）なのはそれが命じられているからだし，私がなにかを
する必要がある（muß）のはそれが不可避だからである」（ヴァイツ
ゼッカー 2000：250-251）。これらの5つのパトスカテゴリーは，図4-
1のようにとらえられます。

ヴァイツゼッカーは，存在自体は欠如していて，「あるのではな
くて思われているだけだ」（ヴァイツゼッカー 2000：94）というあり方
をパトス的と呼んでいます。まだそこに存在しないものが人間の真
実であるというとわかりにくいかもしれませんが，目に見えること
も手で触れることもない，パトスという人間の内面のありようをと
らえることで，結果的にその人を深く正しく理解することができる
ということになります。

子ども理解とパトス

　子ども理解の場面でこのパトス的なるもの，パトスカテゴリーが重要なのは，「それで正しいこと，真のことが捉えられるという点にあるのではなく，結果的に役に立つという点にある」(ヴァイツゼッカー 2010：86) ということであり，パトスの観点から正しい子ども理解を手に入れることによって，子どもたちとのやり取りそのものにおおいに役に立てることができるといえるでしょう。

　精神医学者の木村敏はパトスについて，「自分自身が生きものとして生きていることを，私は自分で設定したのではない。私はそれを，私の生命／生存の根拠への依拠関係を通じて『こうむる』leiden というしかたで受け入れている」(ヴァイツゼッカー 1995：94) と述べています。

　さらにヴァイツゼッカーによれば，このようなパトス的存在の人間の生命的な営みはいつもこの根拠関係に支配されていて，「したい」，「できる」，「せねばならぬ」，「してもよい」，「するのが当然だ」等々というかたちで経験されるといいます。つまり，私たち人間は意図的に生きているというよりも，私自身の生きていることを「こうむって」いる様態だという考え方です。この様態をヴァイツゼッカー (1995) は，leiden のギリシャ語から「パトス的」と呼びます。すなわち，私という主体は根拠関係のうえに成り立っていて，根拠関係を通じてその営みがあり，その営みは具体的にはパトスというかたちを呈することになると言い換えることができます。

　教師・保護者が対峙する子どもたちは大人に成長する途中の，まだまだ可塑性の高い，変化している途上にある人たちと見ることができるでしょう。何かを「したい」という気持ち，何かを「してもよい」という気持ち，何かが「できる」という気持ち，何かを「す

べきである」という気持ち，そして何かを「せねばならない」という気持ちなどが複雑に絡み合い，それらの気持ちの比率をつねに変えながら自らの存在をつくり続けていると見ることができます。私たち人間がいかに不安定で，いつも変化しているということを自覚することが，子ども理解の第一歩だと思います。

　教師・保護者は，つまり大人という存在は，多忙さゆえに，物事を固定的に単純にとらえようとする傾向があるように思います。しかし，子どもを理解しようとするとき，この方法では絶対にうまくいきません。子どもたちはいつも変化し続けているので，固定的な見方で見ようとすれば，結局真の姿を見失うことになるのです。

　教師・保護者が子どもとの確固とした関係性を構築しようとするとき，人間としての不安定さと不確定さを前提として，その変化し続けるパトスのありようをつぶさに見取っていく努力をしなければなりません。

　例えば，朝起きてきた子どもが，昨日とはまったく違う表情をしていて機嫌が悪いなどといったことはよくあると思います。子どもたちはその日によって，ちょっとした出来事が原因で学習の意欲が下がってしまったり，友人との関係が不安定になってしまったりします。同一の人間だとは思えないほど，日によって態度や姿勢が違う子どももいることでしょう。

　子どもはパトスのバランスを変化させながら，いろいろなあらわれ方で私たちの前に出現します。振れ幅の大きい，不安定な存在である子どもに対して，その日そのときにどんな働きかけができるか，これは教師・保護者が即興で考え，判断し，実践するしかありません。想定や計画を超えたところに子ども理解の核心部分があるという意味で，子ども理解はとても難しいものだといえるでしょう。

子どもの不安定極まりないパトス，アメーバのようにそのときそのときでかたちを変える子どもという存在を感じ取っていく力が教師・保護者には必要です。それは，いつも子どもの真の姿に目を向けて，微妙な変化に敏感になるためにいつもアンテナを張っておくこと，そしてそれをいつもし続けていることで身についていくものだと思います。

子どもという存在への関心をいつも持ち続けて，今どんな状態にあるのか，子ども本人に必要なことはどんなことなのかということを絶えず考え続けることが必要となります。

(2) パトスの調整

子どもの存在を正しく把握するということは，すなわちそのパトスのありようを知ることです。その子どもが今，何をしようとしているのか，するべきなのにできないと思っていることはどんなことなのか，そのために何をしなければならないと思っているのかなど，その子どもの内面で起きているパトスの変化とかたちを読み取ることが，教師・保護者には求められます。

その際に，私たちは何をする必要があるのか。それは，「パトスの調整」です。「パトスの調整」とは，その人の内面で起きている感情のもつれをほどき，さらにはその人の周囲との関係性を整理して，いびつになってしまった状態を安定的でバランスの取れた状態に移行させるということです。

人間が抱える多くの問題，解決が難しいことがらの発端となっているのは，それぞれの人間が抱えるパトスの歪みです。そして，歪んでしまったパトス同士が関わり合うと，そこにはさらに大きなズレが生じることにもなります。

学校で，家庭で，あらゆる生きる場において，子どもたちはパトスの絡み合いの中にあり，いびつなパトス同士の出会いややり取りの中で「病んで」いきます。

　世の中には「正しいこと」や「あるべき姿」があって，その通りに行動できれば問題はないのかもしれません。しかし，人間はそんなに単純にはできていないということでしょう。ときに，「正しい」または「あるべき姿」ではない状態に陥ってしまうことはあります。特に，子どもたちのように成長の途中にある人たちは，未熟さや経験の乏しさから問題を抱え，悩むことも多いのですから，私たちはそのような子どもたちとどのように向き合うのかを真剣に考えておくべきなのだと思います。

　そこで，教師・保護者に必要な「パトスの調整」とは，子どもの「今」を的確にとらえ，その周囲の人々との関わりを見て，「今どんなことが必要なのか」を考えて実行するということです。

　例えば，宿題をやらずにゲームばかりしている子どもがいたとしましょう。大人は，そういう子どもを見ていると「自分がしなければならないことがわかっていない」，「だらしない」，「何度いっても大切なことがわかっていない」と感じ，「宿題をやりなさい」，「ゲームばかりやっていてはいけない」と注意したくなってしまいます。もちろん，大人の側がいっていることは正しく，間違っているのは子どもの方なので，小言をいわれても仕方がないのかもしれません。しかし，子どもの成長ということを念頭に置いた場合，子どもの誤りを指摘する方法だけでよいのかどうかは検討が必要です。注意された子どもは，「そうか，確かに宿題をしなければいけないな」と素直に行動できるでしょうか。場合によっては，自ら反省して行動を変える子どももいるかもしれませんが，大人の注意に耳を

貸さずゲームをやり続けたり，悪い場合には大人のいうことを無視したり，反抗的な態度を取ることも考えられます。

パトスの調整という考え方は，子どもの内面で起きているパトスの歪みのありようをとらえ，例えばこの子どものように「宿題をやらない」という状況に至っている（そのような様態をこうむっている）ことの様相をとらえたうえで，具体的な働きかけを講じるということです。「宿題をやらない」のは，「学習内容そのものがよくわからないのでやれる気がしない」，「宿題をしなければいけないとは思うけれどゲームをやめるきっかけがつかめない」，「そもそも宿題をしなければならないと思っていない」，「宿題をやろうという意欲が湧かない」，「きょうだいと一緒にゲームをやっているので自分だけやめるわけにもいかない」……など，子どもは子どもなりに，内面でさまざまなパトスを抱え，それらが絡み合い，なかなか新たな行動に出ることができないともいえます。子どもの内面の状況（パトス）のありようをとらえたうえでの働きかけでなければ，結局子どもは前に歩むことができません。例えば，「学習内容そのものがよくわからないのでやれる気がしない」という子どもに対して，「宿題をやるのは当たり前。学校で困るのはあなた自身だ」ということをいったとしても，まったく噛み合っておらず，子どものパトスは歪んだままになってしまいます。

パトスの調整とは，このように複雑な子どもの内面と子どもを取り囲む環境の整備をおこなうということです。しかし，実際にやろうとすると，それは簡単なことではありません。とにかく，いつも継続的に子どもを見続け，考え続けていなければ，「パトスの調整」はできません。しかし，このことさえできれば，子どもは必ず成長し，前に歩み出すことができるようになります。パトス分析とパト

スの調整については第7章で具体例をあげてあらためて説明します。

ゼミナール④

ヴァイツゼッカーの医学的人間学

　ヴァイツゼッカーの医学的人間学の思想は，臨床医学に大きな影響を与えてきた。ここでは，ヴァイツゼッカーの研究，臨床に対する基本的な姿勢について触れておきたいと思う。

　まず，ヴァイツゼッカーの大学人としての姿であるが，濱中淑彦によれば，彼は20世紀前半のヨーロッパの専門化した大学の研究者としては，特定の分野の枠に収まらない，かなり型破りの人物であったようである。当時の自然科学一辺倒の大学医学にあって，自らの臨床に自然療法などの民間療法や精神分析，哲学，人間学などを取り入れ，まさに「境界線例」(Grenzfall) の研究者，臨床家であった。哲学，心理学，生理学，内科学，神経学，精神医学のみならず宗教の問題にも触れながら，単なる境界領域の研究者としてではなく，より包括的，根本的な立場から透徹した論理と逆説，弾力に富む執拗な思想，パトス的洞察によって自然科学的思考が支配するヨーロッパの医学の情況を超克しようとした。

　ヴァイツゼッカーは研究者，臨床医として，分割，分析よりは統合，一体化を，存在よりは生成を，静的客観的考察よりは力動的主体的立場を取る（ヴァイツゼッカー 1975：380）。そして学問のための学問として客観性だけを重視するのではなくて，臨床医として治療実践の中で患者の主体性／主観性を重視し，患者が「生きていること」を医学の根本に置こうとした。ヴァイツゼッカーはその著『ゲシュタルトクライス』の冒頭で，「生命あるものを研究するには，生命と関りあわねばならぬ」という有名なスローガンを示している（ヴァイツゼッカー 1975：3）。これを私たちの子ども理解に置き換えて考えれば，まさに私たちは「子どもを理解するには，子どもと関わりあわねばならぬ」と宣言しなければならない。

多様な子どもたちを理解する

(1) 現象学的・人間学的な子ども理解の方法

　私たちはこれまで，子ども理解における現象学的・人間学的アプローチの有効性について多面的に確認してきました。本書における子ども理解の方法についてまとめておきたいと思います。

　＊現象学的・人間学的アプローチを用いた子ども理解の方法

①態度変更　自然的態度→超越論的態度〔第1章〕

　　(先入見をエポケーし，子ども自身の示すものを見るために)

②本質直観〔第1章〕

　　(身体を介した直接経験による子ども理解)

③子どもの「今」を知る：アセスメント (見立て)〔第2・3・4章〕

　　(身体を介したコミュニケーション，パトス的理解)

④子どもが「今」抱える課題を知る

⑤子どもの課題への適切なアプローチを考え，実践する

---

　①～③については，第1章から第4章まででその基本となる理論について述べました。本章以降，具体的なケース，事例などを用いながら子ども理解と子ども理解に基づいた適切なアプローチについ

てより具体的に見ていきましょう。

　第5章では，特に不登校の子どもたち，発達障害の子どもたちの理解について考えます。自分自身が不登校の経験がない人にとって，不登校の子どもたちの世界はぼんやりとしていて，統計的には理解していても，その子ども自身の生きる世界を知ることは容易なことではありません。また，発達障害についても頭では理解している，または症状のあらわれや特徴については学んでいるという人でも，その独自の世界のあり方を理解するのは簡単なことではありません。そこで，現象学的・人間学的な視点を導入することで，これらの子どもたちの生きる世界をありありととらえることが本章のねらいです。

（2）不登校の子どもたちの理解

不登校とは何か

　文部科学省（2022a）の「令和3年度児童生徒の問題行動・不登校等生徒指導上の諸課題に関する調査結果について」によれば，小・中学校における不登校児童生徒数は24万4940人であり，不登校児童生徒の割合は2.6％で，不登校の要因の主たるものは，「無気力・不安」（49.7％），「生活リズムの乱れ，あそび，非行」（11.7％），「いじめを除く友人関係をめぐる問題」（9.7％），「親子の関わり方」（8.0％）となっています。高校における不登校生徒数は5万985人であり，不登校生徒の割合は1.7％で，さらに中途退学者数は3万8928人で割合は1.2％でした。少子化傾向が続く中で，不登校の児童生徒数は減少することなく，増加傾向を示し続けています。

　『学校教育辞典（第3版）』（今野ほか編 2014）によれば，不登校の分類について「従来の神経症的登校拒否（不安など情緒的混乱によるもの

で，分離不安型や息切れ型，甘やかされ型に分類できる）ばかりでなく，無気力傾向や遊び・非行傾向，学業不振によるもの，いじめ等学業不振以外で学校生活に理由のあるもの，その他に分けられる」としています。また，「現在の学校生活に意義を見いだせず，本人または保護者の意思で登校を拒否したりするもの（意図的な拒否による）」もあげられています。

不登校の子どもたちと接する際のジレンマ

ここでは，小林（2004：14-24）の不登校の初期段階での「ストレス反応によるタイプ分け」を参考にして，不登校の子どもたちと向き合うときの課題について考察したいと思います。

① **不登校の子どもたちの不安と向き合うときの課題**　文部科学省（2022a）の調査結果からも，不登校児童生徒には「不安」という要素が大きく影響しています。これに対して，一般的には子どもの不安を和らげ，取り除くことを念頭に置くでしょう。穏やかに，落ち着き，せかさず，ゆったりと静かに一緒にいることからはじめることで本人の居心地が少しでもよくなりそうな時間と空間をつくり共有することは大切なことではあります（小林 2004）。

この場合の具体的な対応として，「本人の不安な気持ちを受けとめて理解する」，「すぐに登校しなくても大丈夫であると伝える」，「本人のやりたいことや趣味の話をし，それに付き合う」などが考えられます。

しかし一方で，不安な気持ちを受けとめて理解しているあいだに時間が過ぎていき，高校であれば単位修得や進級が危ぶまれる可能性も出てきます。また，登校を促さないことで当面の不安が解消されても，現実的には学習などに遅れが生じ，人間関係が希薄になることで新たな不安が生まれる場合もあります。また，本人に寄り添

うという対応についても課題があります。本人の居心地のよい時間や場所はいうまでもなく必要ですが，その後本人と学校や社会とのあいだのギャップがかえって大きくなってしまうという危険性も否めません。

②　無気力反応を示す子どもと向き合うときの課題　　文部科学省（2022a）の調査結果にも，不登校児童生徒には「無気力」の傾向が多く見られることがわかります。無気力については，抑うつの傾向が見られることもあり，無気力反応を示す子どもを叱咤激励するのは逆効果であるといえるでしょう（小林 2004）。エネルギー不足に陥った子どもたちの状態を受け入れ，認めることも必要になります。

　この場合，実際の対応の方法としては，「本人の長所を見つけて褒める」，「本人のできている部分について認める」，「本人のがんばりを認める」などが考えられます（小林 2004）。これらの対応により本人の自己肯定感が高まる場合もあります。

　しかし一方で，本人が今の自分を認めていない状態において，教師や保護者がその状態を褒めることで，余計に本人が惨めな気持ちになるという可能性もあります。また，周囲から「今のままでよい」といわれても本人がそのように思えるかどうかは別の問題です。そして，本人は無気力な状態にあるという自覚があるため，自身としては「がんばっていない」と思っているところに，周囲が「がんばっている」と評価することへの矛盾を感じ，逆に本人が教師・保護者への反発を強めてしまう可能性も否めません。

③　攻撃反応を示す子どもと向き合うときの課題　　文部科学省（2022a）の調査結果では，「友人関係をめぐる問題」や「親子の関わり方」など，人間関係の問題が不登校の要因としてあげられています。この場合，人間関係のもつれが背景となって，不登校の児童生

徒が攻撃的な反応を示すということがあります。怒りはある意味では生きていくためのエネルギーであり，何らかの意思や要求が込められている場合もあります（小林 2004）。

　この場合，実際の対応としては，「本人の気持ちに寄り添い，怒りをしずめる」，「本人の不満に理解を示す」，「本人の意思や要求をなるべく聞き入れる」などの対応が考えられます。確かに，これらの対応をおこなうことで攻撃反応が緩和することが期待できるでしょう。

　しかし一方で，本人の怒りが家族や友人，教師などに向けられたものである場合，このような対応はその怒りをかえって助長して，人間関係の溝を深くしてしまう危険性があります。さらに，本人の抱く不満が正当なものでない場合もあり，周囲が本人の不満に理解を示してしまうことで誤った方向に導いてしまう可能性も否めません。また，本人の要求そのものが学校や教師にとって受け入れがたいものである場合もあるでしょう。怒りをしずめたり，本人の願いを聞き入れたりすることは口でいうほど容易なことではなく，この不登校のケースについては，教師や保護者が教育的な限界を感じることも多いように思われます。

　④　**不登校の子どもたちの現象学的・人間学的考察**　　以上①〜③のケースで見てきたように，不登校の子どもに対する初期段階での対応において，教師や保護者がよかれと思ってやったことが結果的には功を奏さないということは少なくありません。それどころか，大人がよかれと思ってやったことが裏目に出る場合さえあります。このように，実践において最善の方法を選び取ることは至難の業であるといえます。

　それゆえに不登校の子どもたちへの対応はケースバイケースだと

され，方法論についてはこれまで事例研究などを通して考えられて
きました。もちろん，これらの事例研究の成果は教育実践に対して
多くの示唆を与えてきましたが，実際にこれらの研究成果を個々の
実践に生かすためには，事例を参考にしながらも，それぞれの場所
での工夫やアレンジを必要としてきたことも事実です。事例研究の
成果と実際の教育実践のあいだには，理論と実践の乖離にも類似す
る「隔たり」があることも見逃がせません。

　いうまでもなく，実際には，マニュアル的・操作的な方法は個々
の具体的な事例にはあてはまらないことが多く，子どもを型にあて
はめ，それぞれの型に対応する方法を講じるという手法は実りがな
いことは明らかです。子どもたちは一人ひとり多様であり，一人と
して「同じ」子どもはいません。それは不登校の子どもについても
同様であり，一人として「同じ」不登校状態にはないのだから，型
に応じた指導や対応は存在しないということです。

不登校の子どもたちと向き合う

　以下では不登校の子どもたちの理解と対応について，現象学的人
間学の立場から考察したいと思います。

　不登校の子どもの現状を確認するためには，まず「直接見る」と
いうことが重要であり，それぞれの不登校の示す症状だけではなく，
語られることのない児童生徒の本質を「見る」ことが求められます。

　ここでいう「見る」とは，対象である不登校の子どもを自分の向
こう側において，行動主義のように客観的に観察することを意味し
ません。「見る」とは，フランスの哲学者メルロ＝ポンティ（1967）
がいう「対象のなかに身を沈めること」を意味します。このために
はシュトラッサー（Strasser, S., 1978）が述べているように，教師は児
童生徒と消極的ないし積極的な意味で「共に-生きる」（mit-leben）

ということが求められます。そのためにはまず教師・保護者は，不登校の子どもの気分や雰囲気を「感知」しなければなりません。つまり，シュミッツ (1978) の意味での子どもの身体的な「状態感」(Befindlichkeit) を自らの身体で感知する必要があります。「言葉にならないもの」，「沈黙の世界」がもつ「雰囲気的なるもの」，「気分づけられたもの」が身体能力によってとらえられるということです (中田 2008)。

　このことは先ほどのメルロ＝ポンティの言をふまえれば，不登校の子どもの理解とは，間身体的出会いといえます。不登校の子どもたちは，自分の状態を語りたくてもうまく語れないことが多く，以上のような意味において，深い次元での雰囲気や気分に敏感になれる身体能力が求められます (第 1 章参照)。

　教師・保護者は子どもとの共感の場において言語的，非言語的なやり取りを繰り返しながら相互理解を生み出す必要があります。また，対応はそれぞれの不登校の子どもの心情に寄り添った生化されたものでなければなりません。教師・保護者が不登校の子どもと交信するためには，不登校の子どもへの共感能力とそれに基づいた心情的な共鳴が求められます。

　不登校の子どもに言葉で一方的に働きかけるのではなく，場の雰囲気や表情，身振りなど非言語的な交信材料を駆使し，不登校の子どもの心情について現象学的・人間学的な解釈を通して，彼らの心情を教師・保護者自身の中に再構成する作業を忍耐強く繰り返しおこなわなければなりません。このことが本来的な意味における「子どもの身になって考える」ということでしょう。

　ただし，言語による不登校の子どもとの交信が意味をもたないということではありません。教師・保護者には感知・共感する能力だ

けではなく，子どもが言葉にしにくい心情を紡ぎ出すことができるよう，問い重ねる能力も必要です。不登校の子どもとのあいだでおこなわれる有効な，問いを重ねるやり取りは，不登校の子ども自身が無意識の底に沈ませた心情を露呈させ，立ち直りの思いもよらない契機になるときがあります。また，子どもとのこのような対話は，子どもの中に主体性を形成し自立するためのきっかけを生み出すと考えられます。さらに，この問い重ねによる交信で確認しておかなければならないのは，不登校の子どもの「生活史」です。子どもの現在は，子どものこれまでの人生の延長にあるということはいうまでもありません。したがって，不登校の子どもの心情を理解するためには，その「生活史」の理解が重要な位置を占めます。

　これに関連して，『現象学的人間学』の著者である精神医学者のビンスワンガー (Binswanger, L., 1976) は，患者の「生活史」への着目を指摘しています。ビンスワンガーは，患者個々の「史実」の確認によって逐次的に立証しうる外面的な出来事（外的生活史）ではなく，より内面的な意味連関である「内的生活史」の重要性について述べています。ビンスワンガーは，この内的生活史に着目することによって患者の全人的な事態が理解されるとしています。不登校は病気ではなく，よって不登校の子どもは「患者」ではありません。しかし，ビンスワンガーの内的生活史の視点は不登校の子どもの理解において大変示唆的です。

　不登校の子どものこれまでの生活の中で，いったい何が今の情況を生み出した「動因」になったかを，問い重ねによる交信によって把握することは，彼らの世界やあり方を本質的に理解することにつながります。ここでいう「動因」は，不登校の理由や原因を意味しません。本人が不登校という状態で生きることに至った背景，契機

となったことなどを総合的に把握することが必要だということです。因果関係でものを見ているあいだは，不登校の子どもたちを理解することはできません。人間が生きるということを「内的生活史」をふまえて理解し，そのうえで，現象学的な意味での感知・共感能力を駆使することによりはじめて，その子どもが住む「世界」を知ることができます。大人が納得できる理由を探したり，客観的に子どもを評論したり評価することなく，直接その子どもが生きる世界にアプローチすることを目指すことが重要です。

　以上のように不登校の子どもの「現在の状況」が確認できたならば，次に一人ひとりの不登校状態にある子どもの「生きる力」を伸ばすためには，どのような状態を目指すべきなのかを考えます。このときも私たちは先入見にとらわれないことに留意しなければなりません。ともすると，教師・保護者は自分の価値観や学校文化として固定化された価値観にとらわれてしまいます。子どもたちは目標への過程において大人に対してさまざまな姿を見せます。それはときには大人にとって承服しかねるものかもしれません。

　例えば，学校に行ってほしいという一心で子どもと接していると，「早く普通に戻ってほしい」，「他の子どもと同じように学校に通えるようになってほしい」という自身の願望が前景にあらわれ，結局は子ども自身の成長を阻む要因をつくりだすことになります。私たちは絶えず自分の価値観に引き寄せることのないよう注意し，子ども自身が子ども自身の力で歩むことを支えるために現象学的な立場（自分たちの当たり前をエポケーすること）を見失わないことが求められます。

　教師・保護者が目指すべきは，子どもたちが自律的に歩みを進めることであり，その歩みはいつも順調ではなく，進んでは停滞し，

大人の理想とはかけ離れているかもしれません。子ども自身が社会的自立を獲得するために必要なことをおこない，その道をゆっくり歩めているのかどうかを確認することが，私たちに求められていることです。すなわち，現象学的・人間学的な観点からは，不登校の子どもの観察と交流を通じて，彼らの世界（Welt）とそのあり方（Sein）を解明することが，理解のための第一歩ということになります。

　不登校の子どもたちの理解については，次の章で具体的な例を用いてさらに考えます。

(3) 発達障害の子どもたちの理解

　近年，発達障害についてはおもに，心理学・精神医学の分野の研究知見が積み重ねられ（図5-1），多くの著書が刊行されています。発達障害の種類や特性などの外的理解が広く進んだ一方で，発達障害者のあり方についての理解についてはまだ途上にあるといえます。

　目の前にいる発達障害の子ども（またはその傾向が見られる子ども）について，理解を深め，子どもの成長に寄与できるような関わりをしたいと願いながらも，実際にはとても難しく，悩みを抱える教師・保護者は少なくありません。

　文部科学省（2022b）の「通常の学級に在籍する特別な教育的支援を必要とする児童生徒に関する調査結果について」によれば，「知的発達に遅れはないものの学習面又は行動面で著しい困難を示す」とされた児童生徒は推定値 8.8 ％となっています（表5-1）[8]。

　学校や集団生活において，発達障害やその傾向が見られる子どもの特性については，例えば「共感性が乏しい」，「仲の良い友人がいない」，「周りの人が困惑するようなことも，配慮しないで言ってし

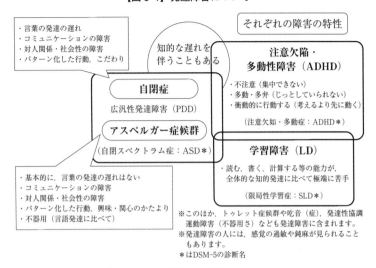

【図5-1】発達障害について

それぞれの障害の特性

・言葉の発達の遅れ
・コミュニケーションの障害
・対人関係・社会性の障害
・パターン化した行動，こだわり

知的な遅れを
伴うこともある

**注意欠陥・
多動性障害（ADHD）**

・不注意（集中できない）
・多動・多弁（じっとしていられない）
・衝動的に行動する（考えるより先に動く）

（注意欠如・多動症：ADHD＊）

自閉症

広汎性発達障害（PDD）

アスペルガー症候群

（自閉スペクトラム症：ASD＊）

学習障害（LD）

・読む，書く，計算する等の能力が，
　全体的な知的発達に比べて極端に苦手

（限局性学習症：SLD＊）

・基本的に，言葉の発達の遅れはない
・コミュニケーションの障害
・対人関係・社会性の障害
・パターン化した行動，興味・関心のかたより
・不器用（言語発達に比べて）

※このほか，トゥレット症候群や吃音（症），発達性協調
　運動障害（不器用さ）なども発達障害に含まれます。
※発達障害の人には，感覚の過敏や鈍麻が見られること
　もあります。
＊はDSM-5の診断名

出所）発達障害ナビポータル「発達障害の理解のために」https://hattatsu.go.
jp/uploads/2021/08/9436e64c2b6366034787c22ede913013.pdf

まう」など，負の面，問題行動があげられることが多いと思います。
このような子どもたちは，一般（定型発達）の子どもたちとは異なる
特徴や問題をもつ者としてとらえられることも多く，一般的な対応
としては，その問題行動を是正することを目指すということになり
ます。しかし実際には，教師・保護者，そして家族はこのような子
どもへの対応について戸惑い，どうすればよいのか悩むケースも少

8　文部科学省（2022b）によれば，「学級担任等が回答した内容から，『知的発
　達に遅れはないものの学習面又は行動面で著しい困難を示す』とされた児童
　生徒」（推定値8.8％）について，現在通級による指導を「受けていない」が
　86.9％でした。また，同様に，この8.8％の児童生徒について，特別支援学級
　に「在籍していたことはない」が93.7％となっています。

【表 5-1】「知的発達に遅れはないものの学習面又は行動面で著しい困難を示す」とされた児童生徒の割合

〈小学校・中学校〉

	推定値（95 ％信頼区間）
学習面又は行動面で著しい困難を示す	8.8 ％（8.4 ％〜9.3 ％）
学習面で著しい困難を示す	6.5 ％（6.1 ％〜6.9 ％）
行動面で著しい困難を示す	4.7 ％（4.4 ％〜5.0 ％）
学習面と行動面ともに著しい困難を示す	2.3 ％（2.1 ％〜2.6 ％）

〈高等学校〉

	推定値（95 ％信頼区間）
学習面又は行動面で著しい困難を示す	2.2 ％（1.7 ％〜2.8 ％）
学習面で著しい困難を示す	1.3 ％（0.9 ％〜1.7 ％）
行動面で著しい困難を示す	1.4 ％（1.0 ％〜1.9 ％）
学習面と行動面ともに著しい困難を示す	0.5 ％（0.3 ％〜0.7 ％）

注 1)「学習面で著しい困難を示す」とは,「聞く」「話す」「読む」「書く」「計算する」「推論する」の一つあるいは複数で著しい困難を示す場合を指し, 一方,「行動面で著しい困難を示す」とは,「不注意」「多動性−衝動性」, あるいは「対人関係やこだわり等」について一つか複数で問題を著しく示す場合を指す。
  2) 質問項目に対して学級担任等が回答した内容による。
出所) 文部科学省（2022b）「通常の学級に在籍する特別な教育的支援を必要とする児童生徒に関する調査結果について」https://www.mext.go.jp/content/20221208-mext-tokubetu01-000026255_01.pdf

なくありません。

　こうした子どもに対して, 本人がうまくできないこと, 問題ある行動について厳しく叱ったとしても, それをきっかけに本人が自分の行動を反省し改善するということは難しいといえます。発達障害やその傾向が見られる子どもたちを集団に適応できるようにしていくにはどのようにすればよいのかは, 本人にとっても, 教師・保護者にとっても深刻な問題です。

　自閉症スペクトラム障害（Autism Spectrum Disorder, 以下に ASD と

【図 5-2】発達障害やその傾向をもつ人と定型発達の人のズレ

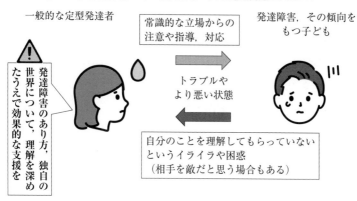

一般的な定型発達者

常識的な立場からの
注意や指導，対応

発達障害，その傾向を
もつ子ども

トラブルや
より悪い状態

発達障害のあり方，独自の
世界について，理解を深め
たうえで効果的な支援を

自分のことを理解してもらっていない
というイライラや困惑
（相手を敵だと思う場合もある）

記す）の当事者として研究を進めている綾屋（2013）は，「本ばかり
読んでいないでもっとお友だちとおしゃべりしておいで」，「そんな
ことを質問してくるなんて，ちゃんと話をきいていなかったお前が
悪い」という親や教師の常套句はピンとこない的外れなものだった
ため，正しいことが何かわからず，親・教師に対しても自分自身に
対しても不信感を募らせていったと，自身の子ども時代を振り返っ
ています。

　このエピソードは，教師または保護者は，子どもに対して「一般
的な」，「普通の」子どものようになってほしいと思って，本人にそ
のような立場から語りかけるが，実際には効果がない（むしろ逆効
果）という典型的な事例といえるでしょう。このように，教師・保
護者が想定している子どものあり方と，ASDの子どもが実際に生
きる世界のあり方には大きな隔たりがあり，嚙み合っていない実態
が見えてきます（図 5-2）。

　そこで重要となるのが，発達障害やその傾向が見られる子どもた

ちの理解です。この場合の理解は，本書で一貫して述べているように，外的症状や特性の理解にとどまらない，その人の生きる世界とあり方の現象学的理解，人間学的理解です。

　精神科医の内海は，著書『自閉症スペクトラムの精神病理―星をつぐ人たちのために―』（内海 2015：83-99）で，ASD 者の世界について「奥行き，あるいは外部性がない，それゆえ，今みえている場面にはりついてしまい，それがすべてとなる」世界であり，「自己と他者が明確に区分けされていない。こちらからのかかわりは，届かない。あるいは素通りしてゆく。ぶつかって跳ね返ってくるような，あるいはお互いにあいうつような反応がない。他方，彼らからみた世界は，どこまで行っても他者に突き当たらない。そこには，他者からの反響がない。他者の視点を得ることによって，世界が陰影のある立体的な像を結ぶこともない」という「反転しない世界」であると表現しています。これは，定型発達者の側から見ればいわゆる「対人相互性の障害」とされるものです。

　ASD の子どもたちの世界は，定型発達者の世界とは違います。教師・保護者はまずこのことをしっかりと認識する必要があります。外側から，自分自身の視野から見た子どもたちの姿，いわゆる「定型発達者の世界のフィルター」を通して子どもたちをとらえるのではなく，「定型発達者の世界のフィルター」を通さずにそのままを見るということです。第 1 章で述べた超越論的態度による本質直観を用いて，子どもの本当のあり方に迫る必要があります。

　そのようにして見ることで，ASD の子どもたちのあり方は，一般の定型発達の人ができることができないという「欠陥」ではなく，それそのものがその人のもつ「世界」でしかないという理解に至ります。

【図 5-3】発達障害の課題と二次障害

（例）
・書類や課題の提出が
　遅れる
・約束を守れない
・友人ができない
・集団になじめない
・自分のペース　など

（例）
・教室に入れない，不適応
・学校に来ない，不登校
・無気力
・気分の落ち込み，うつ
・いじめを受けている
・頭痛，腹痛などの身体症状
・自律神経の失調　など

課題の早期発見ができなかったり，不適切な対応があると悪化

発達に課題が見られる

二次障害が見られる

発達上の課題を克服するための支援，対応，指導，合理的配慮

発達上の課題の克服をおこないながら，専門家も含めたメンタルヘルスへの対応，学校としての組織的対応も重要となる

【図 5-4】早期対応によるリスクマネジメント

（例）
・書類や課題の提出が
　遅れる
・約束を守れない
・友人ができない
・集団になじめない
・自分のペース　など

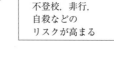

発達上の課題があると
→いじめ，不適応，
　不登校，非行，
　自殺などの
　リスクが高まる

その人にとって不都合なこと，周囲の人にとって困惑することがあった場合，発達に課題があると考え，対応を工夫する

自尊感情，自己肯定感が低下しないように対応する

あらゆるリスクを抑えることにつながる

※発達上の課題がある＝「発達にアンバランス」があるということ
その人のあり方に沿った対応，指導を見つけていくようにする

ASD の子どもたちの「世界」は「欠陥の世界」ではなく，子どもたちの生きる「世界」そのものとして受けとめる必要があります。このような理解に基づけば，ASD の子どもたちには「欠陥を補う」ことが必要なのではなく，ASD の子どもたちが生きていくにあたり，環境との折り合いをいかにつけていくか，その子どもの特性を周囲の状況とどのようになじませていけるのかということが課題となります。つまり，教師・保護者には，その子どもの主体性そのものを受けとめ，「その子どもの世界で起きていることをよい方向にいくようにする」という姿勢が求められることになります。

では，発達障害の子どもたちの生きる世界を，私たちはどのように受けとめることができるでしょうか。表 5-2 は，発達障害の人を定型発達の人がどのように受けとめ，対応するのが望ましいかを，現象学的人間学を基盤とした精神病理学の知見に基づいてまとめたものです。

【表 5-2】 発達障害の受けとめ方と「了解」および「対応・指導」の関係について

発達障害の受けとめ方	了解と説明	対応と指導
①発達障害の児童生徒に対して，定型発達の児童生徒と同様に情緒的に気持ちで共感しようとする。	了解可能ではないが理解（誤った了解）	共感的につながることを目指す。分かり合える，理解し合えるという誤解が生じる。
②発達障害の児童生徒の主体性に着目して，その人の生きる世界を受けとめる。	かのような了解	知識と方法論をもって，対応や指導を考える。
③発達障害は精神疾患であるとして，児童生徒をつながりがもてない対象としてとらえ，科学的に理解する。	了解不能（科学的説明）	通常学級での教育の対象ではなく，従来の意味での特別支援教育，医療の対象であるとする。

出所）土屋弥生（2021b）「自閉症スペクトラム障害の可能性のある児童生徒を主体性の形成からみた指導―現象学的人間学の視座から―」『学校教育研究』第 36 号。

表5-2の「了解」に関して，土屋（2021b）は以下のように説明しています。

　　現象学的人間学を基盤とした精神病理学の研究をおこなっている精神科医の深尾憲二朗（2017：78-80）は，精神医学者のヤスパース（Jaspers, K. T.）の「了解」という概念を引いて，精神疾患の患者には「了解可能」か「了解不能」かという区別があるとしている。深尾（2017：86-88）は，発達障害と了解の関係について，発達障害は医学的にみれば生来的な脳の障害として定義されているので，基本的には精神機能の欠落を抱えているということになり，この場合には「了解」は不能となると述べている。しかし一方で，脳科学のような視点から子どもの困難について科学的に説明できたからといって，必ずしも科学的にその困難を解決できるわけではないともしている。そしてこの事実を無視した，発達障害の子どもに対する誤った安易な「了解」は「わがままだ」，「努力が足りない」などの主観的判断，いわゆる「精神論」を招き，子どもにとって残酷な結果になるのでかえってない方がよいと述べている。しかし，深尾（2017：88）は発達障害の子どもには医療と同時に教育がどうしても必要であるとしている。ここにおいてわれわれは，求められる「教育」のあり方について，深尾の視点を参考に検討しなければならない。

　さらに土屋（2021b）は，深尾（2017）を参考にして，定型発達者がASD者を理解するということについて，感受性が正常でない相手については「了解」はできないが，だからといって認知機能の欠落

という「説明」だけでは不十分なので，真の了解ではない「かのような了解」が求められると説明しています。発達障害の可能性のある子どもについて，表5-2の①のように誤った了解に基づいて共感的な理解を求めようとすると，結局は定型発達に近づけようとする働きかけをおこない，それを強制することになるので，その人なりの成長の道が閉ざされ二次障害に至る可能性が高まります。それと同時に対応や指導をおこなう側も共感的な理解が成立しないために落胆することになります。一方，表5-2の③のように発達障害は精神疾患なので科学的説明の立場から生物学的理解はできるが，人間同士の了解は不能であるのでそもそも通常学級での教育は成立しないとして，発達障害の可能性のある子どもは通常学級での教育の対象ではないと考える方向性もあり得ます。しかし，この立場を取る限り，発達障害やその傾向が見られる子どもを客観的に理解することにとどまり，成長を促す対応を考える起点にはなりません。

　したがって，土屋（2021b）によれば，実際に教師・保護者が取りたい立場は表5-2の①でも③でもない，②の「かのような了解」を目指す立場ということになります。土屋（2021b）に示された「かのような了解」とは，発達障害やその傾向が見られる子どもを定型発達のあり方に近づけさせようとするのではなく，教師・保護者自身の自然な世界に現象学的エポケー（判断中止）を施し，「ASDの独自の世界に生きるあり方（主体性）」を，「独特の視点をもって世界を見るからこそ，ユニークな言動が見られる」のだというようにとらえることと解することができます。これはその人の世界の「意味」や「価値」を読み解き，了解をするということです。そして，これらを起点としてその人自身がよい方向に生きていくにはどうしたらよいのかを考え，実践するという指導や対応が求められます。

土屋（2021b）は，「意味」や「価値」の解明を目指す現象学的・人間学的な「かのような了解」とはすなわち，発達障害やその傾向が見られる子どもたちの主体性に着目した理解や深尾（2017）のいう「教育」を可能とするものであり，このような立場を得た教師・保護者は，ASD の可能性のある子どもに，定型発達者の世界とは異なるそれぞれの「ASD 者の世界」があることを想定して，オーダーメイドの対応を構築することが可能となるとしています。そこではこのような子どもたちの負の「部分」にばかり注目するのではなく，その生徒の人間としての「全体」をとらえることが求められます。

　子どもを理解しようとする際に，従来の医学的・心理学的知見を用いることは大切なことです。しかし，その知見にのみ則って困難を抱える子どもの「部分」にだけ注視すると，発達障害者や ASD 者の障害特性や外面的な現象としての困難さにとらわれてしまう可能性があることは否めません。現象学的・人間学的な視点をもって，子どもの世界の「全体」がもつ意味や価値に照準を合わせる視座が肝要であると思います。

　ASD の子どもたちの理解については，次の章でさらに，具体的な例を用いて考えます。

ゼミナール⑤

発達障害の未診断と通常学級での指導

発達障害をめぐる課題

　発達障害については，特別支援教育の枠組みの中で考えられている。文部科学省は平成 29 年 3 月に「発達障害を含む障害のある幼児児童生徒に対する教育支援体制整備ガイドライン—発達障害等の

可能性の段階から，教育的ニーズに気付き，支え，つなぐために─」
（文部科学省 2017）を示しており，必ずしも医師による発達障害の
診断がない場合においても，特別支援教育をおこなう必要があるこ
とを以下のように言及している。

　　　必ずしも，医師による障害の診断がないと特別支援教育を行
　　えないというものではなく，児童等の教育的ニーズを踏まえ，
　　後述の校内委員会等により「障害による困難がある」と判断さ
　　れた児童に対しては，適切な指導や必要な支援を行う必要があ
　　ります。
　　　特に，小・中学校の通常の学級に，6.5％の割合注）で，学習
　　面又は行動面において困難のある児童等が在籍し，この中には
　　発達障害のある児童等が含まれている可能性があるという推計
　　結果（平成 24 年文部科学省調査）もあり，全ての教員が，特別支
　　援教育に関する一定の知識や技能を有することが求められます。

　実際の教育現場においては，表 5-1 にもある通り，発達障害の可
能性がある児童生徒は通常の学級に 8.8％の割合（令和 4 年の調査結
果）で在籍していると推計されており，本人も保護者や家族も障害
をもつことに気づいていない（自覚していない）ケースが多く見られ
るのが現状であると考えられる。このような児童生徒の指導につい
ては，本人・保護者には自覚がないが，一方では本人の学習や学校
生活の様子，指導の通りにくさ，周囲の児童生徒とのコミュニケー
ションが成立しないなど，おそらくは本人の発達障害が背景となっ
ていると考えられ，定型発達の児童生徒に対する指導や対応ではう
まくいかないことになる。
　医師による障害の診断がない場合には校内委員会等により「障害
による困難がある」という，いわゆる「みなし診断」が必要とされ
るが，「みなし診断」については以下のような課題がある。

　　　学校での“気づき”から，これらの委員会による「みなし診
　　断」を経て，支援に至るが，そこには，いくつかの課題があげ

られる。まず，<u>保護者の同意が必要</u>なため，学校には保護者の
"気がかり""気づき"の確認が求められる（小谷 2012）。

　では，医師による障害の診断もなく，保護者の同意を得た「みな
し診断」もおこなえないケースについて，教育現場の教師は当該児
童生徒に対してどのように対応することができるのか，またどのよ
うな対応が最も本人の成長のために必要なのかということについて
は，現場の判断に委ねられているのが現状であろう。多くの場合，
発達障害については何らかの診断や判断がなされたうえではじめて
「発達障害の児童生徒」として位置づけられ，特別支援教育の立場
での指導や対応がおこなわれるということになっているが，それで
は適切な指導や対応が遅れ，二次障害（いじめ，不登校，ひきこもり
等）の危険性が高まると考えられる。

　図5-5のdが必要となる場合は，現場の教師は当該児童生徒につ
いて発達障害の可能性が高いと見ているが，生徒本人も保護者もそ
のようには認識しておらず，校内委員会等による「みなし診断」も
難しいといったケースである。その理由としては，人間関係や学習
面での困難があったとしても保護者は発達障害の可能性に気づいて
いない，または障害であるということは認めたくないといった立場
を取っており，保護者の同意を得て発達検査・知能検査等のアセス

【図5-5】発達障害の可能性がある児童生徒と特別支援教育の関係について

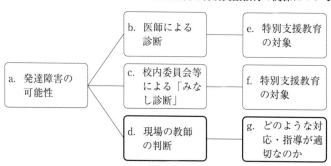

メントを実施するのが難しいということがあげられる。このような
理由から「発達障害の可能性があるにもかかわらず特別な教育的支
援を受けていない」児童生徒が多く見られ、現場では図5-5のgに
あるように、「特別支援教育」の枠組みの外に置かれる児童生徒に
対する対応や指導に苦慮する場面が多いと考えられる。図5-5のg
を実践するためには「アセスメント」が重要になるが、発達障害か
どうかを見極めるための発達検査・知能検査等の実施をせずに見立
てる必要がある。「アセスメント」をしなければ、「図5-5のb,c
のような診断がないのだから定型発達の生徒と同様の対応、指導を
おこなう」または「診断を受けるべきなのに受けていないのだから
本来は通常学級にいるべきではない児童生徒なので指導を諦める
（特別支援教育や医療の範疇の児童生徒である）」といった二択になりが
ちであるが、本人の成長を促すためにはこれら2つの道ではない、
第三の道を検討する必要がある。

発達障害―「診断されている場合」・「診断されていない場合」―

　多くの発達障害の対応についての理論・事例は、基本的には多く
が「診断されている場合」を前提としている。

　しかも発達障害の児童生徒の特性については、「……が苦手」、
「……ができない」というように、定型発達の生徒を基準にした表
記が中心である。学校教育においては定型発達・発達障害に明確な
区分があり、指導をおこなうにあたってはまずは「発達障害である
のかないのか」という確認をおこない、その後「発達障害であれば
それに見合った指導・対応・合理的配慮をしましょう」となる。す
なわち「可能性がある」というグレイゾーンのところにいる児童生
徒はその対象外に置かれて、発達障害の可能性はあるけれども、ど
ちらかといえば「定型発達」に近づけるという目標のもとに指導・
対応がおこなわれるという現実がある。

　文部科学省 (2017) は発達障害の早期発見の重要性について、「早
期の気付きと正しい理解」の中で、「発達障害をはじめとする見え
にくい障害については、通常の学級に在籍する教育上特別の支援を
必要とする児童等のつまずきや困難な状況を早期に発見するため、
児童等が示す様々なサインに気付くことや、そのサインを見逃さな

いことが大切です」としている。また，教師はその児童生徒について「……が苦手」，「……ができない」という現象（問題）に気づくべきであるということが示されている。しかし，児童生徒の現象（問題）を通して「もしかすると発達障害かもしれない」と気づくことだけでは，教育実践的アセスメントとしては甚だ不十分であると考える。すなわち，定型発達の人に比べて苦手なことやできないことを列挙するだけでは発達障害の可能性のある児童生徒の「理解」としては不十分であり，その後の「早期対応－適切な指導」には到底つながらない。

発達障害の可能性のある児童生徒についてのアセスメント・早期対応・適切な指導のための理論

国立特別支援教育総合研究所の HP には教育相談におけるアセスメント項目（対象が子どもの場合）について，「生育歴・家庭や学校での現在の様子などの情報，心理検査，発達検査，医療歴および診断，学校の成績など」としている。

保護者の同意を得ることが困難で「心理検査」，「発達検査」等ができない場合，また「医療歴及び診断」が見られない場合，「生育歴」，「家庭や学校での現在の様子などの情報」，「学校の成績」によるアセスメントをおこなうことになる。この中で特に注目したいのは「家庭や学校での現在の様子などの情報」である。アセスメントには「観察法」，「面接法」，「検査法」の３つの方法があるが，現場の教師がアセスメントをおこなう際に重要なのは「観察法」ということになる。観察においては，早期対応を誤らないために，発達障害の可能性のある児童生徒の「主体」のあり方に着目したアセスメントが必要である。

教育現場で発達障害の可能性がある児童生徒を観察する際，定型発達の側からの理解をいくら詳細に重ねても，彼らが生きている世界に近づくことはできず，よって彼ら自身に届く働きかけや指導には至らずミスリードになる可能性もあり，無理やり定型発達に近づけようとすることで二次障害を生じさせることもある。また，発達障害の可能性のある児童生徒自身が独自の世界で生きていることを教師の側が想定できない場合には，彼らは単に「集団になじめない

【図5-6】発達障害の可能性のある児童生徒のアセスメントと二次障害の関係について

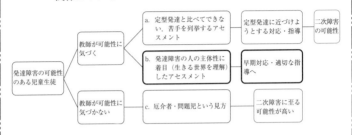

厄介者」,「コミュニケーションが成立しない問題児」であるとしてレッテルを貼り,厄介者・問題児は集団から排除することになる。これがまさに,二次障害の発生の温床となると考えられる(図5-6)。

求められるアセスメント,早期対応とは

　アセスメントを誤れば,適切な早期対応ができない。早期対応ができなければ児童生徒は成長できず,二次障害に至ることになる。このようなことを防ぐために教育現場において求められることは,発達障害の可能性のある児童生徒に対する「かのような了解」に基づくアセスメントと対応である。ここでいう「かのような了解」とはすなわち,エピステーメー(科学知)を基盤にした本来的意味での実践知(反省的実践)による「了解」である。つまり,科学的説明だけに頼るのでもなく,また教育的情感のみに頼った了解をするのでもなく,児童生徒の「主体性」に着目したアセスメントに基づいて発達障害の世界を理解したうえで,その人に伝わり受けとめられること(方法と内容)を人間学的・精神病理学的教育学に基づいて実践することが重要である。

注)文部科学省(2012)「通常の学級に在籍する発達障害の可能性のある特別な教育的支援を必要とする児童生徒に関する調査結果について」では「知的発達に遅れはないものの学習面又は行動面で著しい困難を示すとされた児童生徒の割合」は6.5%であった。

第 6 章

子どもに働きかける方法

(1) パトス分析を用いた不登校の子どもの理解と対応

　不登校の問題に関しては，そもそも不登校という「あり方」そのものを否定的なものではなく，肯定的にとらえるべきだという意見，つまり，不登校の問題は，学校は行かねばならないところなのか，といった価値観や考え方によって変わってくる側面もあるし，不登校の状態にある子どもを「病気」であるかのように論じることの問題点も指摘されています（広田・伊藤 2010）。

　また，不登校の問題解決は，「再登校」だけではありません。何が解決なのかは子ども自身が選択するものです。したがって，教師・保護者には子どもが学校に行くことができないことによって生じる「生きづらさ」に注目し，子どもの育ちを援助することが求められることは以前にも述べました。

　ここでは，学校に「行きたい」と願う子どもに対して，教師・保護者が学校に「行かせよう」とするものではなく，学校に行きたいと願う生徒に対して「今は学校に行けない状態なんだね。結構，しかしいまのかたちではだめだから，違うかたちで生きよう」（ヴァイツゼッカー 2000）と試してみる中での現実にかなった対応について述べます。

　前述の通り，不登校の指導や支援には正解がありません。また，

学校という場所だけが教育の機会を保障できるわけではありません。しかし一方で，横井 (2018) が述べているように，不登校対策としての教育機会確保法が成立した今も，現実的には学校を超えることの困難が指摘されています。このことは学校以外の場所で生きる子どもを否定するものではありません。しかし，学校という場で，「今ここ」を生きたいと願う子どもが存在するのも現実です。以下では，不登校生徒の具体的な事例をあげて，具体的な対応について説明します。なお，事例 (生徒 A) については多くの不登校生徒の指導事例をもとに筆者が作成した模擬事例であり，「パトス分析の視点を取り入れた生徒 A の生徒指導の経緯」について記されています。

　これまで紹介してきた現象学・人間学の知見をもとに不登校の子どもを理解し，対応する場合にはどのように考え，どのように働きかければよいのかということを，教師は現場での指導実践の方法として，保護者や家族は不登校状態にある子どもの理解の方法として，事例を通して学びましょう。

〜〜〜〜〜〜〜〜〜〜〜〜〜〜〜〜〜〜〜〜〜〜〜〜〜

【事例】パトス分析の視点を取り入れた不登校生徒の指導

　生徒 A は，中学 2 年から体調不良が見られるようになり，その後，起立性調節障害[9] と診断された。体調不良と共になかなか登校できないようになり，やがて不登校状態になった。その後，高校に入学してしばらく

9　起立性調節障害は，思春期の子どもの 5〜10 ％に見られる心身症の一つで，自律神経系による起立時の循環制御機能に破綻が見られ，朝起きられない・立ちくらみ・失神・頭痛・動悸・食欲不振などの症状が見られます。約 8 割に心理・社会的ストレスが認められ，約半数が不登校を併発するとされています。田中（2014）参照。

は欠席しながらも登校することができたが，高校2年のときに再度不登校状態になった。そして，この生徒の指導にあたっては，Aに関する情報を朝の会議で全教員が共有したうえで，管理職の指導のもとに，担任と保健体育科教師，カウンセラーに中心的な役割を担ってもらった。指導において特に保健体育科教師に重要な役割を担ってもらったのは，分析拠点となるパトス情感性に関連して，保健体育（おもに実技部分）においては教師と生徒のあいだにパトス的感知・共感能力を基底とした運動感覚的コミュニケーションが要求され，ここに人間形成の本質的契機がある（金子2002）という教科特性による。なお，クラスメイトの影響が生徒の成長に果たした貢献もあるが，ここでは主題への照準を守るためにあえて考察の対象としない。

　上記の前提に基づいて，以下ではAのパトス分析（中学2年以降）とそれに基づく指導計画・指導経緯（高校段階）について述べ，Aの不登校状態から再び登校できるようになるまでの歩みを考察する。Aの歩みの中では，さまざまな出来事があり，多くの人間との交わりがAの成長を支えてきた。ここでは，主題への照準を保つために前述したヴァイツゼッカーの5つのパトスカテゴリーの絡み合い構造の分析成果をふまえてAのパトスの動きを焦点化し，Aのパトスの深層構造を考察していく。

Aの生活史とパトスの様相変動

　①　**不登校になったきっかけ**　考察対象のAは，中学校時代に不登校状態になりB高校に入学してきた生徒である。

　入学についての相談をするためにAは母親と共にB高校を訪れ，不登校の状態になるに至った経緯を語った。Aと母親によれば，Aが不登校になるきっかけとなったのは中学2年の段階での体調不良であった。2学期に入った頃，頭痛・朝起きることができない・気分がすぐれないといった身体症状を頻繁に訴えるようになり，Aは学校に遅刻したり，日によっては欠席せざるを得ない状態となったりしたため，心配した母親が病院に連れていったところ，「起立性調節障害」であると診断された。

その後，中学3年になっても症状が大きく改善することはなく，不登校状態が続いているとのことであった。相談をしているあいだ，Aはうつむきがちで自信がないように見え，自分のことを話す際にも一つひとつの内容について母親に確認しながら答えるという様子が見られた。

② **中学校段階での不登校の様相**　B高校入学後のAとの教育相談等の中でわかってきたことは以下の通りである。Aは起立性調節障害であるという診断を受けた後も，頭痛や朝起きられないという症状が続いたため，体調がよくなるのを待っていると学校に行けるのが昼過ぎになってしまうこともあった。そんな状態が続いていた中2の3学期のある日教室に入っていくと，教室の風景がそれまでとはまったく違っているようにAは感じた。それまで仲よくしていた友人たちは，Aの体調を気遣って心配してくれてはいたが，どこかよそよそしくAのことを憐れんでいるように見えた，とAは振り返っている。Aは体調不良になる前は，自分自身について，勉強や部活に前向きに取り組んでいて，友だちも多く，社交的であると自己認識していた。しかし，「以前はクラスの中でも比較的中心になる存在であったのに，今自分はクラスに受け入れられていない。かつての自分と今の自分は大きく変わってしまった」と思うと，激しい孤独と情けなさが感じられたと述べていた。このような情感によってAは，自分はみんなよりも劣っている価値のない人間だと思うようになってしまい，それまで以上に学校に行くことが怖くなり，徐々に不登校の状態になっていったようである。

中学2年の半ばから中学3年にかけて，体調不良の状態が改善することはなく不登校の状態が続いた。かつては2歳上の兄のように地元の進学校に進学したいと思っていたが，それはかなわず，不登校の経験がある生徒の受け入れをおこなっているB高校に進学することになった。

③ **B高校入学後の経緯**　B高校に進学してからのAは，不本意入学ではあったが，「この高校で気持ちを入れ替えて心機一転がんばっていきたい」，「勉強や学校生活にがんばって取り組むことでこれまでのマイ

ナス面を挽回したい」と相談の際に語っていた。しかし，言葉とは裏腹に体調不良は依然として続いており，無理して登校した日は学校で気分が悪くなって立っていることもできなくなってしまうこともあった。無理して登校する必要はないと伝えた際にAは，「私は以前のように普通に学校に通いたいんです。みんなと同じように普通の高校生でありたいんです」というように，本人が学校に行きたいという意志を強く示してくる場面もあった。今度こそ優等生でありたいと思うAの気持ちとは裏腹に体調は思うようによくならないことから，Aは不安を募らせ，苛立つことも多くなっていた。

　高校2年になった頃から身体の不調と共に心理面の不調が顕著になり，抑うつ状態になって休みはじめると欠席が長く続き，再び不登校の状態になっていった。そのため学校では，学校に来ることが難しくなっているAに対する指導について，Aに関わる教師チームを結成して，カウンセラーと連携しながら取り組むことになった。Aはこの頃のカウンセラーとの会話の中でも「普通に学校に行きたい」，「学校に行けるようになりたい」と気持ちを打ち明けていた。

　④　**Aとの対話からわかってきたAを取り巻く情況**　　Aや母親との対話の中でわかってきた家庭や家族の様子は以下の通りである。Aの母親は社交的で行動力のある人物で，子育てと仕事を両立しながら，職場ではリーダーシップを取り忙しく働いていたようである。また，2つ年上の兄は成績もよく，母に似て快活で，Aが中学2年になったときに高校生となり，地元の進学校に入学した。母親の期待に応えて第一志望の進学校に入学した兄は，Aにとっても憧れの存在であった。しかし，兄が高校に進学した頃からAの身体の不調がはじまる。

　A自身は起立性調節障害だと診断されたことに大きなショックを受けたが，その頃から母親の中でも心配と共に「このまま学校に行けなくなってしまうのか」という不安が増幅していったようである。Aはそんな母親の表情がとても気になり，「自分は母親の期待に応えられていない」，

「兄のように学習や学校生活がうまくいかない」といった気持ちで押しつぶされそうだったと語っていた。

　AがB高校に入学し，何とか1年間高校生活を送ることができたという時期，兄は高校卒業後に第一志望の大学に進学することが決まり，ますます順調な道を歩んでいて，Aはだんだん兄の姿を見ること自体が辛くなったと当時を振り返って語っている。また，母親はAが高校入学後に登校できるようになったことを喜んでくれていたが，高校2年になった頃から再びAが学校を休むことが多くなったことで落胆の表情を浮かべることが多くなり，そういう母親の表情を見るたびに，Aは「自分は価値のない人間だ」と思うようになったという。

高校での指導（パトス分析に基づいた指導方針の決定）

　上記のようなAの状況をふまえて，以下のようなパトス分析に基づいた指導方針が教員チームおよびカウンセラーで共有された。

　ヴァイツゼッカーは，「病気はなにかの偶然といった起こりかたをするものではなく，生命の情念的な動きから起こるものだ。その生成を捉えられるかどうかは，この情念の動きを追うことができるかどうかにかかっている」（ヴァイツゼッカー 1994：15）という。

　このことはわれわれに生徒指導におけるパトス分析の重要性を示している。つまり，Aの不登校の状態をAが望むように学校に通える状態に変えていくためには，Aの内的生活史のパトス変動を把握し，それに基づいた指導をおこなっていく必要がある。

　指導について計画するにあたっては，パトス変動が心と身体という人間が環境に接する際のお互いに「代理可能」な二局面としてあらわれるというヴァイツゼッカー（2000）の「心身相関論」に留意した。Aの中学校および高校入学後の状況については，前述したように①から④にその経緯を述べた。ここからAが不登校に至る「転機」[10]となった出来事や環境の変化を整理すると，その現象面とパトス変動から①・②・③の3つの段階が取り出されると考えられた。

①　頭痛・朝起きることができない・気分がすぐれないといった身
　　体症状があらわれ，起立性調節障害と診断され，思うように登校
　　できない（中学2年・2学期）。

　この段階において，Aは自分が「学校に行きたくない」という自覚は
なかったようである。むしろ，「行きたい」，「行こう」とは思っているの
にどうしても身体が思うように動かず，結果として「行けない」のだと
自覚していた。つまりこのとき，Aのパトスは身体にあらわれていたと
理解できる。A自身は身体の調子がよくなりさえすれば学校に「行ける」，
「行きたい」と思っているが，この「行ける」，「行きたい」は，「行きたい
と思える場合には行ける」というパトスであり，「行かねばならない」と
いう必然のパトスや「行くべきである」という義務のパトスが増幅する
と「行くことができない」ようになる。教職員チームは，このときのA
のパトスは「行かねばならない」や「行くべきである」に支配されており，
それが身体症状としてあらわれていると理解した。
　言い換えれば，通常の生徒は学校に「行きたい」というような欲望を
抱くことはほとんどないであろう。したがって，「学校に行く／行かな
い」といったことが意識の前景にあらわれたのは，「登校する」という無
意識の中でおこなっていたことが現実の世界で阻害され，かつ，その出
来事が内面化され，身体症状として身体による内面化を促したためと解
された。また，Aを取り巻く環境では，ちょうどこの時期に「兄の第一志
望の高校（進学校）への進学」ということが起きている。A自身は無自覚
ではあるが，この出来事から母親の期待や注目の多くが兄に集まり，A
が家族の中で取り残されていくような状況になっており，このこともA

10　転機とは，主体としてのあり方が大きく転換するときであり，主体が生き
　　る様態が大きく変わるときのことです。転機には主体のパトスの様態の変化
　　も見られます。

のパトスの変化に大きな影響を与えていたのではないかと考えられた。

　兄が進学校への進学を果たしたのだから、他の生徒が学校に行っているように、Ａは自分自身も学校に「行くべきである」という義務のパトスにとらわれ、しかしそのように思えば思うほど、「学校に行ったところで自分は兄のようにはなれない」というプレッシャーに押しつぶされるようになり、結局は「行ける」の前提であるところの「行けるようになりたい」という意志のパトスは失われていったのではないかと考えられた。

　このことはヴァイツゼッカー（1994）が述べているように、欲する（wollen）能力とできる（Können）能力は、密接に結びついていて、相互に制約し合っているということを示している。欲しているのにできないとか、できるのに欲していないとかいうことではない。このときＡは本人が思っていたような、学校に「行きたいのに行けない」という状態にあったのではなく、むしろ「行きたい」と欲することができず、よって「行けるようになりたい」とも思っていない。しかし、Ａにとっては母親の期待のありようとＡが登校できなかったときの落胆の表情から、「行きたくない」、「行けるようになりたくない」というパトスを表現することが許されず、その結果、体調不良という身体症状により、これらのパトスが表現されることになったと考えられた。

　このようなＡのパトスの表現は、もはや現象として学校に「行ける／行けない」といったことが主題化されるものではなく、Ａのあり方、生き方と見るべきであろう。このときＡは、起立性調節障害というあり方で何とか生きていたと解することができる。つまり、ヴァイツゼッカーの意味での主体性を環界との関係、つまり母親や兄との関係の中で起立性調節障害というあり方として形成し、生きるという相即を保っていたと考えられる。

　②　体調不良が続き、遅刻や欠席が増えていく。登校したときのクラスの雰囲気、友人の反応から、学校における自分自身のあり方

> が変化したことを実感し，学校に行くのが怖くなり不登校状態に
> なる（中学 2 年・3 学期）。

　この段階においては，クラスや友人たちはもはや以前のように A を
受け入れておらず，それが A には自分は必要とされておらず，集団から
外れてしまったと感じられている。①の段階では，身体の不調さえなく
なれば「行きたい」，「行ける」と思えると自覚していたが，この段階にお
いては体調がよくなったとしても A を取り巻く情況から「行きたい」，
「行ける」とは思えないという状態になり，「行くことが許されていない」
ので「行くことを望むことができない」というパトスに変化していると
考えられた。この時期ではクラスや友人という周界との関係が A のパト
スに大きな影響を与えていたと解される。

　ここでもやはり「できる」は「欲する」だけに左右されるのではなく，
環境との，つまり人物や状況との関わり方によっても左右されることが
わかる（ヴァイツゼッカー 1994）。学校に「行ける」は「行けるようにな
りたい」と思えることが前提となっているが，そのように「欲する」ため
には「行くことが許されている」ということがどうしても必要となる。
このときのクラスや友人たち，醸し出す雰囲気・場のあり方は，A が登校
することを「許している」状況にはないと A は感じている。

　このとき，「体調がよくないので学校に行けない」という身体面にあら
われた，不登校を正当化するパトスは破壊され，それに代わって「クラ
スや友人に受け入れられていないので学校に行けない」という心理面で
のパトスが前景にあらわれる。つまり，このパトスの変化では，学校に
「行くことを望むことができない」というパトスの表現が，体調不良とい
う身体面よりも，「学校に行くのは怖い」といった恐怖と登校への強い嫌
悪といった心理面のあらわれに代理されるという，ヴァイツゼッカーの
心身相関のありようを見て取ることができる。ここでわれわれが注意し
ておかねばならないことは，この心身相関の要点が，身体と心が同列に

並んで互いに作用し合う2つのものではなく，両者が互いに他方を照明し合っているということである。だから，ヴァイツゼッカー（1995）がいうように，その心的なあらわれと身体的なあらわれのどちらかが原因であり，あらわれた結果よりも前にあったプロセスであるかのように理解してはいけない。

この時期には①期のような母親や兄との関係から生じた身体面にあらわれた不登校というAの生き方が，クラスや友人との関係に由来する心理面の現象として転換されていることがわかる。さらに，心理面に自分自身に対する否定的なパトスが意識化されたため，通常の生徒ではおそらく意識化されることがない学校に「行く／行かない」といったことが意識の前景にあらわれたと考えられた。

---

③　不本意に入学した高校で優等生として再出発しようとしたが，身体の不調と共に心理面の不調が顕著になり，抑うつ状態になって休みはじめると欠席が長く続き，再び不登校の状態になる（高校2年・1学期）。

高校入学後，Aはしばらくのあいだ学校に通うことができていた。Aが担任やカウンセラーに盛んに「私は学校が楽しい」，「学校に毎日来たい」と訴えるのとは裏腹に，Aが学校に通えていたからといってAのパトスが，学校に「行きたい」，「行けるようになりたい」となっていたわけではないと教職員チームには感じられていた。教職員チームはAが学校に通っているという現象は，学校に「行くべき」という恐怖にも似た規範的なパトスから出てきているものと理解していた。つまり一見，Aの登校はAが自分自身を変えたいという欲動からの「行こうとする意志」のように見えるが，実は「行かなければならない必然」や「行くべきである義務」としての通学であったと見ていた。教職員チームがこのような解釈をしたのは，学校に「行かねばならない」，「行くべき」という規範の

まなざしでAを見ている母親の存在がとても大きいと映っていたからである。

　この頃のAとの対話の中にはしばしば，Aが母親から向けられるまなざしを緊張しながら受け取っている様子がうかがえ，Aが「お母さんをこれ以上悲しませたくない」と語ったことからも，Aの根底にはA自身も気づかないかたちで，「学校に行かなければ母親に愛想をつかされ，見放されてしまう」という恐怖が横たわっていることが見て取れた。順調な道を歩む兄の姿は，母親の想定する「理想の子ども」の体現であり，A自身が後に「兄の姿を見ること自体が辛くなった」と語っていることにもあらわれている通り，第一志望の大学に合格して前途洋々と進んでいる兄の姿は，Aにとっては母親のプレッシャーそのものであったといえよう。Aの心に横たわる恐怖に支えられた通学は，本来は無意識に自然に存在する学校に「行きたい」，「行けるようになりたい」という意志のパトスを自身の求めとは逆にますます弱めていくことになった。

　ヴァイツゼカーは「なにかを〈せねばならぬ〉人は溜息をつく」（ヴァイツゼカー 2010：98）という。これは「せねばならない」という必然のパトスの本質を表現している。Aは学校に「行かなければならない」を「行けるようになりたい」という意志のパトスに転換して他人のみならず自分をも欺いている。「この高校で気持ちを入れ替えて心機一転がんばっていきたい」と思い込もうとし，勉強や学校生活にがんばって取り組むことでこれまでのマイナス面を挽回したい，と思うAのあり方が，「行かねばならない」ということによって生じた必然のパトスを自らの意志で前向きに学校に「行こうとしている」というパトスに巧みにすり替えていることがわかる。その証拠に，体調不良は依然として続いていて，Aは学校では立っていることもできなくなってしまうときがあった。自覚しているパトスとAの中にある真のパトスはまったく異なるものであり，自分自身を欺いているというパトス葛藤が，身体の不調というかたちであらわれたと見ることができよう。つまり，ヴァイツゼカー（2010）の

いうように，Ａはなにかを〈せねばならぬ〉人として溜息をつくことになり，この「溜息」が身体の不調という表現を取ったと考えられる。

　以上のことから，転機をプロットとしたＡの生活史のパトス様相は以下のようにまとめられる。

　まず，Ａは転機①の段階では，本人が思っていたような，学校に「行きたいのに行けない」という状態にあったのではなく，むしろ「行きたい」と「欲する」ことが「できず」，よって「行けるようになりたい」とも思っていないという無自覚を特徴とする状態にあったといえる。そして，続く転機②の段階では，Ａを取り巻く環境面から「行きたい」，「行ける」とは思えないという状態になり，「行くことが許されていない」ので「行くことを望むことができない」というパトスに変化している。転機③では，母親からの暗黙の「行かねばならない」，「行くべきだ」というパトスにより生じた必然と義務のパトスを，自らの意志で前向きに学校に「行こうとしている」というパトスに巧みにすり替えていた。したがって，これらの転機に共通して不在なのは，「行ってよい」という許可のパトスなのではないかと考えられた。つまり，Ａの指導においては，「行ってよい」という許可のパトスを育てることにより，「行こうとする」意志のパトスを発生させ，「行くことができる」という可能性のパトスを実現することになると考えられた。

　このことは単にＡのパトスを教師がコントロールして変容させるということではない。ヴァイツゼカー（2010）はパトスカテゴリーのはじめに「してよい」という許可カテゴリーを取り上げている。「してよい」はその純粋な状態においては何の前提ももたず，「してよい」との交わりは先行規定をもたないのだから，「してよい」は「してもよい」し，「しなくてもよい」という「宙に浮いた状態」となる。つまり，「してよい」は「自由の衣服」なのである。Ａの指導では，Ａが自由な生き方をできることに主眼を置かねばならない。Ａが自ら自分のあり方を選択でき，それが積極的に生きるということを可能にするようなあり方であるように支

援する必要がある。

　Aの恐怖としての「行くべきである」という規範カテゴリーでは，行動の価値づけがおこなわれることになるので，現実の生徒指導の場面は，児童生徒のみならず，保護者やその他の支援者などのパトスが，あるいは社会的な価値観が複雑な絡み合いの構造を示すことになる。したがって，学校に行くことを望むAの指導では「行こうとする意志」と「行かねばならない必然」とのせめぎ合いに向き合うことになる。

Aの指導計画

　以上のような3つの転機におけるパトス分析をふまえて，B高校における指導目標が立てられた。

　前述したように不登校における指導は登校させることだけが目的ではない。不登校の状態にある生徒には多様な教育機会が設けられ，生徒自身が生き方を選択できることが重要である。したがって，教師には生徒に多様な機会の存在を示すと共に，それでも学校に行きたいと願う生徒には，その期待に応えることが求められるだろう。Aは学校に行くことを強く願っている生徒であった。「学校に行くという生き方」を望んでいたといってもいいだろう。このようなAのあり方をふまえて指導計画は考えられた。

　Aが「学校に行ける」状態になるためには，いうまでもなく，学校に「行けるようになりたい」，「行きたい」というパトスが自らも気づかないうちに，自然に生じることが必要となる。なぜなら，この時点でのAのパトスは，母親からの「行かねばならない」あるいは「行くべきである」に大きな影響を受けていたからである。このようなことから，教職員チームは指導においては，「行けるようになりたい」，「行きたい」というパトスが「自然に」，「本人も気づかないように」[11] 生じるような働きかけと，これらのパトスが生じやすい環境・場の整備という観点が重要とな

11　ここでのパトス理解は，因果律に基づくのでなく，フッサール現象学の「受動綜合」による「動機づけ連関」としておこなわれなければなりません。

ると考えた。Aがやって来る場所は，ヴァイツゼッカーがいっているような「してよい」，「自由な」，「宙に浮いた」場所でなければならない。つまり「せねばならぬ必然」が限界を設定しない場所である。

そして，これらの指導と環境整備は複数の立場から多面的なアプローチとして実践される必要がある。Aの自発的な意志を醸成するという試みは，一対一の単線的な関係性の中では成立し得ない。一対一の対応は教師の中にもどこかに存在する「せねばならない必然」や「すべきである義務」を生み出しやすい。Aに必要な自由なあり方は，多様な人間関係の中で形成される主体性によってこそ保障されると考えられた。個体としてそれぞれの関係の中で形成される主体性の多様さは，さまざまな情況に対応できる主体性の形成に寄与するだろう。

Aへの指導とは，「Aのあり方」の構造的転換を目指すものであって，またそれは多面的で複雑で構造的な関係性の中でそのまま実現しなければならない。だからこそ，不登校生徒の指導は学校などの集団の中での指導が必要なのである。しばしば語られる「この先生のこの指導のおかげで不登校から脱し，登校することができるようになった」というような言説は，当事者同士の極めて情緒的なレベルでの表面的な解釈に過ぎないのではないだろうか。不登校というのは，そもそも因果関係の中に「論理的に」存在する現象ではなく，不登校生徒自身も気づかない「反論理性」の中に深く沈み込んだ現象である。「反論理性」の様相を呈する不登校という現象を，教育実践を通して解決していこうとするならば，パトス分析に裏打ちされた緻密な指導計画がどうしても必要となる。

次にAの自由なあり方としての学校に「行けるようになりたい」，「行きたい」というパトスが生じることを目指す指導計画と，教職員の役割分担について見ていく。

Aの指導経過

まずは，指導の全体計画を立てられた。ここでは，チームの多面的なアプローチが互いに影響し合い，Aのパトスの変容を促すことを前提と

する。まずＡが「誰かの意志に従って生きる」という硬直したあり方から脱し、「自らの意志で生きる」というかたちに生き方を転換させる必要がある。「誰かの意志に従って生きる」状況では「せねばならない必然」や「すべきである義務」というパトスが強い影響を及ぼすことになる。Ａが学校に「行きたい」というパトスにより「自らの意志で生きる」うえで重要になるのが、まず「今は学校に来られない状態なんだね。結構、しかしいまのかたちではだめだから、違うかたちで生きることを考えよう」（ヴァイツゼッカー 2000）ということをＡが内面化できるようにすることだと考えた。そのためには、Ａが主体として「違うかたち」の可能性を経験することが必要だった。そのため、チームの会議において、保健体育科の教師が体育実技の授業における指導の中で、このような教育機会を設けることが提案された。Ａには言葉による指導が力をもたないと、Ａとの関わりの中で多くの教師が感じていたためである。保健体育のような身体的実感を伴う活動は、その体験自体を疑うことはできない。つまり、言葉による指導で見られる「すり替え」ができない。

　具体的には、Ａが得意としているバスケットボールの授業の中でチームメンバーをまとめる役割を与え、「他者に配慮される」立場ではなく、「他者に配慮できる」ことを体験し、Ａ自身が他者のために「私はできる」ということを実感する機会を設定した。他者のために「できた」ことは、Ａにとって違う自分のあり方を経験させる機会になるだろうと考えたためである。ここからＡの中で生じる、他者のために「したい」という意志のパトスが基盤となって、自らのために「したい」という意志のパトスが生じ、さらにこのパトスから「学校に行きたい」という意志のパトスが自然に生じる契機となることを目指した。

　ヴァイツゼッカー（2010）は「しようとする意志」は「してよい許可」と「できる可能性」の中間点にあるという。だから、「しようとする」という「意志のパトス」は、その限界を広げることができる「可能性のパトス」が前提とならざるを得ない。つまり、「しようとする」は「してよい」

から引っ張られ，「できる」へと拘束されるのである。そこで今回の指導では，「しようとする」の前提となる「できる」を高めるために，担任の教師は保健体育の授業の中でＡが体験したことを言語化し，体験としてできたことをＡ自身が実際に「できているのだ」と自覚することを促した。保健体育の教師がＡと授業という場において共有した「できる」という感覚的感情のパトスは，Ａにとって論理的に疑うことのできない経験である。ここに保健体育教師とＡの主体性が，「共に-生きる」（シュトラッサー 1978）ということの成立を促し，母親や兄とのあいだで成立する主体性とは異なる主体性の形成を経験できたと解された。

　このような指導は，休み時間や放課後のＡとの何気ないやり取りの中でおこなうことを心がけた。こうして保健体育の授業の中でＡが身体的実感として得られた成功体験を言語化することを通して内面化を促した。さらにカウンセラーはＡとの面談を通して，Ａ自身が体験したことを語ることによって「他者に配慮できる」，「他者の役に立つことのできる」自己像を形成できることを目指した。「自分は兄に比べて価値がない人間で，母親の期待に応えることができず，クラスや友人に受け入れられていない，周囲から憐みを施される存在である」という自らのあり方から，「自分がリーダーシップを取ることでチームが勝利できるような，周囲の人から頼られたり認められたりするような，価値のある存在である」という自己像への変容を促していった。このことはＡが「新たな自己像」を獲得することを契機として，「自由の衣服」を得る基盤を形成することを目指したといえる。このような保健体育の教師やカウンセラーとの「交わり」の中でＡのパトスは変容を見せ，Ａの不登校のあり方に強い影響を及ぼしていた学校に「行かねばならない」，「行くべきである」というパトスの存在は自然に薄れていくことになり，Ａは自然に登校し，学校生活を送るようになった。このことはあまりに自然であったため指導をおこなった教師はもちろんのこと，おそらくＡ自身にもパトス変容の経緯の詳細は自覚されなかったであろう。

以上のようなパトス分析を基盤とした教職員チームでの指導の結果を
まとめれば，Ａは自身の自由なあり方を獲得できたことによって，自ら
の意志により通学できるようになり，このときのＡのパトスは，周囲の
人が受け入れるならば学校に「行くことを望むことが許されている」の
だから「学校に行きたいと思うことができる」というように変容し，また，
自分にも学校で「できる」ことがあるのなら学校に「行くことができる」
し，自ら学校に「行きたい」という意志が自然に生じるようになって
いったと解釈することができる。おそらく，自然に生じることになった
学校に「行きたい」というパトスは本人には自覚されていないであろうし，
このようにＡのパトスが変容したとき，Ａの不登校のあり方に強い影響
を及ぼしていた学校に「行かねばならない」，「行くべきである」という
パトスの存在もまた自然に薄れていくことになったと解された。

　起立性調節障害の生徒が不登校状態から再登校に至るまでのプロセス
をヴァイツゼッカーの意味でのパトスの様相変化から検討してきた。Ａ
が再登校するまでにはさまざまな出来事が，さまざまな人々とのあいだ
で生じていた。パトスの様相変動はこのプロセスの中の一つの要素に過
ぎない。しかし，ヴァイツゼッカーがいうように，生徒の指導，支援は教
師と生徒の「あいだ」にあることになる。この「あいだ」は教師と生徒を
包み込む，主観−主観関係としての二人関係にある「ひとりの人間」と理
解されなければならない。このような意味での主体性の形成においてパ
トスの変化に注目することは極めて重要である。なぜならば，パトスを
理解することによってこそ教師と生徒の主体性が成立するからである。
逆に主体性が成立しているところにしかパトスの理解は深まらない。

　最後に，生徒指導のプロセスを構築する際の「見通し」の重要性につ
いて言及しておきたい。ヴァイツゼッカーは，病人の側からいうと，こ
の後あなたはこうなるという予想の方が病気の説明より大切であり，診
断はその重要性を予後から借りてくるのだ[12] といっている。このことは，
Ａに対する生徒指導が，Ａが学校に「行けるようになるはずだ」という教

師と生徒の予感が確信になる過程であると位置づけられなければならないということを意味している。

　このようなことから指導においては，教職員チームによる多面的な働きかけと環境整備を通して，Aに対して「Aの身の上にこれからどのような変化が起き，そのことでどのような主体性が形成され，どのような結果が得られるのか」をA自身に予感させることにも留意した。生徒指導や働きかけの過程を経て，A自身が学校生活の中で体験を重ね，教職員と対話し，他の生徒たちと「交わる」ことを通して，やがて「学校に行けるようになる」ことをA自身に予感させることを念頭に置くことが，生徒指導のプロセス全体に流れている必要があると考えられる。

～～～～～～～～～～～～～～～～～～～～～～～～～～～～～～～

　以上は，ヴァイツゼッカーの医学的人間学のパトス分析を用いて起立性調節障害を伴う不登校生徒Aの生徒指導について検討したものです。事例では，義務のパトスや必然のパトスに支配され，不登校状態となった生徒について，多面的な指導によって生徒自身の中に許可のパトスと可能性のパトスが主体的に生成され，生徒自身が新たなあり方を形成し，再登校できるようになったことが明らかにされました。

　ここで示された指導のためのパトス的な実践知は，すべての者に

─────────────

12　ヴァイツゼッカーは次のように述べています。
　「いずれにせよ病人にとってなにより重要なのは，『死ぬ』ということではなく，『死ぬかどうか』である。『死ぬこと』さえなければ，大多数の人にとって，『生きていない』という事実はそれほど恐ろしいことではないのだろう。だれもが『……かどうか』のうちで生きているので，『……であること』のうちで生きているのではない」。
　つまり，A自身が「いつかは学校に順調に通うことができるようになるはずだ」という，できるかどうかの可能性（予後）を感じることが重要であったということです。ヴァイツゼッカー（1994）参照。

一般化することはできません。しかしながら，事例から私たちが学ぶべきことは，「パトス分析」を通して，不登校の子どもの「今」をありありととらえ，その理解に基づいた働きかけができれば，子どもたちはまた一歩新たな歩みをはじめることができるのではないかということです。

　パトス分析は，正しいこと，真のことがとらえられるという点にその重要性があるのではなく，ヴァイツゼカー (2010) のいうように「結果的に役に立つ」という点にあります。子どものパトスを追うということは，子どもが生きるということ，あり方の変化を追うことと同様のことであり，子どものパトスを認識対象として向こう側において認識論的にとらえることではありません。教師・保護者が子どもと共に生きるということを，行為の立場で主体的にアクチュアルにとらえる努力の具体的方法です。ヴァイツゼカーの医学的人間学が私たちの子ども理解に与える有用性は極めて大きいといえると思います。

(2) 現象学的な発生的分析を用いた　　発達障害の子どもへの対応

　発達障害の子どもたちの理解については，第5章で既に述べたように，発達障害の子どもの生きる独自の世界をありありと理解することが重要です。その際に，超越論的態度でいわゆる定型発達の当たり前や常識をエポケーして，その子どもの生きる世界に住み込むことが求められます。

　ここでは，以上のような理解を基盤として，教師や保護者は実際に発達障害の子どもたちにどのように働きかければよいかということを，現象学的な発生的分析[13] という方法を用いて考えたいと思い

ます。

　従来，発達障害の子どもたちへの対応については，その子どもの示す「症状」ごとに考えるという方法が取られてきました。例えば，国立特別支援教育総合研究所・発達障害教育推進センターのHPにおいては，発達障害の種類，症状ごとに指導や支援の留意点が記されており，指導者や支援者は対象となる子どもの特性ごとに具体的な対応の方法を知り，実践することができるようになっています。また，国立特別支援教育総合研究所のHPに掲載されている「インクルDB」は障害をもつ子どもへの合理的配慮についての実践事例データベースであり，障害種，在籍状況，学年，キーワードを選択して検索することで，対象となる子どもの状況に近い実践事例を参考にすることができます。

　これらの支援の取り組みは効果的なものですが，一方で，教師・保護者の目の前にいる子どもの状態に近い参考事例から自身の対応に有効な知見を得ることはできても，そのまま実践できるわけではないため，対応をおこなう教師・保護者は独自のケースに適応する方法を工夫する必要があります。

　このように，従来のかたちの対応や指導の際の留意点などが書かれた書籍なども多く出版されており，参考にしている教師・保護者も多いと思いますが，「うちの子どものケースとは少し違う」，「あてはまる対応のパターンが見つからない」といった戸惑いをもち，さらに書いてあった通りに対応しているつもりでも，目の前の子どもにはあまり通用しないという経験をもつ教師・保護者も少なくな

13　発生的分析とは，フッサール後期の発生的現象学において用いられる解体（脱構築）の方法です。意識の構造をふまえて，発生の源泉を遡るという方法です。

いと思います。

それぞれに異なるケースについては，現象学的な発生的分析の方法を用いることが有効です。この方法により，その人の意識の底から上がってくるあり方（意味発生）について，意識の立ち上がり方に注目してそのプロセスをいったん解体してみると，その人自身の世界で起きていることを解明できると考えられます。

人間は個々に異なる歴史，すなわち時間の流れをもち，それぞれの発達を遂げて現在に至ります。つまり，子どもたちの歩みは各々に異なります。発達障害の子どもたちの示す「症状」ごとのマニュアル的な対応方法が必ずしもピンとこないのは，ASD や ADHD に分類された子どもたちのことを個々に見れば，当然ですがその子ども独自のあり方・生き方があるわけで，発達障害の分類ごとに一括りにして，あらわれる症状への対症療法的な対応をすることには限界があります。

よって教師・保護者には，個々に異なる存在である子どもを理解し，その子どもがよりよい人生を重ねるための「道」を，その子ども自身が歩むことができるためにはどのような指導が適切かを考えることが求められます。

教師・保護者は発達障害の子どもたちに対応するにあたり，個々に異なるプロセスが存在することを念頭に置く必要があるといえます。土屋（2022d）は，「現象学的な発生的分析を用いた指導方法構築の手順」を示しています。土屋（2022d）を参考にして，ASD の子どもへの対応方法構築の手順を表6-1のようにまとめました。

土屋（2022d）は，この表について以下のように解説しています。なお，以下では教師と児童生徒という学校教育現場での指導関係に基づいて指導方法を構築する際の手順を述べています。

【表 6-1】現象学的な発生的分析を用いた ASD の子どもへの対応方法構築の手順

①児童生徒のアセスメント	本質直観による ASD の見立て，当該 ASD の児童生徒の特徴や強く出る症状について精神医学・心理学などの知見からアセスメントをおこなう【ASD の場合にはここでの見きわめが重要】
②課題のアセスメント	当該 ASD の子どもの課題を見立てる
③「道」の想定	当該 ASD の子どもが課題を解決することができる「道」を想定する【歩める道が限定されている】
④「道」の発生的分析（解体）	③で想定した「道」を発生的分析の手法により解体し，「道」を構成する成分を取り出す
⑤「回り道」の考案	当該 ASD の子どもに最良と思われる「回り道」を考案する
⑥「回り道」の代行と検証	事前に教師・保護者自身が思考実験的に「回り道」を歩んでみる
⑦「回り道」の指導の構築	当該 ASD の児童生徒自身が「回り道」を歩めるようにするための具体的な対応のあり方を考える
⑧「回り道」と指導の再構築	「回り道」と対応について，実践と修正を繰り返す

出所）土屋弥生（2022d）「自閉症スペクトラム傾向のある児童生徒の指導方法に関する現象学的一考察」『生徒指導学研究』第 21 号をもとに作成。

　発生的分析をおこなうにあたり，前章で述べた前提（表 6-1-①）をもとに，教師は当該 ASD の児童生徒の課題となることを整理し（表 6-1-②），当該児童生徒がその課題を解決できる「道」を想定する必要がある（表 6-1-③）。

　例えば，「急な予定の変更が納得できず，癇癪を起こす」ASD の児童生徒がいた場合，教師は，その児童生徒が「急な予定の変更について納得し，感情的にならなくて済む」ためにはどうすればよいのかを考えることになる。その児童生徒にとっ

て「急な予定の変更について納得し，感情的にならなくて済むような道」はどのような「道」であるのかを知るために，発生的分析をおこなう。

　発生的分析とは価値意識の起源をたどり解体することであるが，その解体によって得られるのは「道」を構成している意味である。構成している「意味」を取り出すために解体をおこなうといえる。次の段階で教師は，解体して取り出した「意味」の構成を念頭に置いて，その児童生徒が歩むことができるために「必要なことがら」を考える（表6-1-④）。ここで考えられた「必要なことがら」がすなわち，その児童生徒への指導のポイントとなる。

　これに関連して，心理学者ヴィゴツキー（Vygotsky, L. S., 2006）は，「障害は，一方では欠陥であり，直接それ自体として影響をもたらし，子どもの適応上の不足，妨害，困難を生み出す。他方では，欠陥が発達に対して妨害や困難を作り出し，正常なバランスを破壊するからこそ，それは，適応の回り道の発達，迂回し，補い，あるいは上乗せする諸機能の発達に対して刺激となる」とし，障害児の発達における回り道という考えを提示している。本研究では，現象学的な発生的分析の観点からASDの児童生徒の歩む「道」を主題としているが，これはヴィゴツキーの提示した「回り道」と近いものと考えられ，両者は共通して，障害をもつ子どもが歩めない道ではなく，障害をもつ子どもだからこそ歩むことのできるその子どもなりの道，すなわちその子どもの「主体性」の形成のありようを理解することの重要性を示していると解することができるだろう。

　つまり，ASDの児童生徒の歩む「道」は，定型発達の児童生

徒が歩む「道」とは異なる「回り道」(迂回) である。この「道」がどのようなものなのかをその発生の起源をたどり，解体することにより明らかにするのが，発生的分析の方法ということになる。

　発生的分析によって得られた「回り道」(表6-1-⑤) の妥当性について，当該の児童生徒が本当に歩むことができる「回り道」なのかどうか，まずは教師自身がその児童生徒に成り代わって思考実験的に歩んでみる (代行) 必要がある (表6-1-⑥)。このような思考実験的な検証を経て，実際にこの「道」をその児童生徒に歩ませてみることになるが，その際に重要なのが教師としての具体的な指導である。ASD の特徴から，定型発達の児童生徒が難なく歩める道を思うように歩めない場合，その児童生徒にとって最良と考えられる「回り道」が用意されることになるが，児童生徒自身が「回り道」をうまく歩めるようにするためには，その歩みを支え，導く教師の指導が不可欠となる (表6-1-⑦)。さらに，「回り道」の実践と修正を繰り返し，当該児童生徒にとってよりフィットする新たな「回り道」とそれに対する指導を再構築していく (表6-1-⑧)。

子ども独自の世界に対応するための方法を導き出すためには，まず定型発達の子どもが歩む「道」の成分を取り出す必要があります。現象学では発生的分析によって取り出せる成分のことを実的成素と呼びます。ここではわかりやすく，成分と表現しておきます。

　例えば，学校行事での校外学習を想定しましょう。校外学習においては，場合によって行程の一部で時間の変更が生じる場合があります。このように，予定や計画とは異なる事態が生じた場合，一般

的な定型発達の子どもと発達障害の子どもでは，事態の受けとめ方や生じた変更への適応のかたちが異なります。発達障害の子どもたちの独自の道を考える前に，定型発達の子どもたちの適応の道から，そこに隠されている成分を取り出すことが求められます。隠された成分と表現した理由は，この成分は確かに存在するのですが，実際に定型発達の子どもはこれを意識的におこなっているわけではありません。つまり，状況への適応がスムーズにおこなわれる場合には，適応の道の成分は意識されることなく，無意識のうちに歩まれているわけです。無意識にできてしまうことなので，定型発達の側の立場からするとそれは「自然に」できることであり，取り立てて気にもとめないことがらです。しかし，「自然に」できない場合には，このことは「意識的に」取り組まねばならないことになります。

　発達障害の子どもたちは，定型発達の人が「自然に」通り過ぎていること，気にもとめないこと，すなわち一般的には暗黙の了解となっていることを，「意識的に」歩むことが求められます。それが，発達障害の子どもたち各々の歩む「回り道」につながります。

　まず，私たちは発達障害の子どもたちが歩むための回り道の成分を取り出すために，定型発達の子どもたちの適応の道を解体します。これが成分を取り出すということです。図6-1には，「校外学習での時間変更」を受けとめる場合，適応できる子どもたちの暗黙の了解の成分を取り出しています。

　図にあるように，ここでa〜eの5つの成分を取り出しました。以上でも説明したように，これらの成分は日常，定型発達の人たちは意識もせずに，当たり前のこととしていることです。定型発達の人からすれば，「いわれてみればそういうことを既に無意識に納得しているかもしれない」という成分です。

【図6-1】回り道をつくるための成分を取り出す

（例）校外学習での「時間変更」

＊定型発達の子ども（a・b・c・d・eは暗黙の了解）→適応

a：校外学習では時間の変更はつきもの，想定内
b：プリントに書いてあることはあくまでも基準になる目安
c：トイレに行ける時間は先生が確保してくれるので心配ない
d：昼食が予定より遅れることはあるが，いつかは食べられる
e：行き先が変更されたり，自由時間が短くなることもあるかもしれない

※解体して取り出されたa〜eは，現象学では「解体で得られた事実を構成する意味の成分」として「実的成素」という

　だからこそ，これらの暗黙の了解には気をつけなければなりません。教師や保護者は，自分自身の世界では「気にもとめない当たり前のこと」なので，「当たり前のことは誰にでも当たり前だ」と思い込んでしまっている可能性があります。そのような先入見にとらわれていると，いざ時間変更があり，発達障害の子どもたちがパニックを起こした場合にも「なんでこんな小さなことでパニックを起こすのだろう」，「当たり前のことがどうしてわからないのだろう」と困惑することになります。

　このように，暗黙の了解は私たちの目を常識という先入見で覆い隠し，発達障害の子どもたちの世界に入っていくことができなくなります。暗黙の了解は，暗黙のままにしておくのではなく，隠された成分を明らかにして取り出すことにより，発達障害の子どもたちの歩める道が開かれることになるのです。

　私たちは，発達障害の子どもたちへの対応を講じる際にその子どもの世界に住み込む必要があることは前にも述べました。図6-2に見られる「オーダーメイドの対応をつくる」ことは，子どもたちそ

【図6-2】対応のヴァリエーション＝オーダーメイドの対応

```
＊発生的分析によって導き出される指導方法はその子どもの「主体性」のあ
　り方で決まる（マニュアル化できない）
＊回り道のあり方：分解して得られた成分の組み合わせはさまざま

（例）ASD の子ども①・②・③　「時間の変更」の場合

子ども①＝「プリントに書かれた時間の遵守へのこだわり」（a → b）
　★時間の変更があることもあらかじめ想定に入れておく：事前
子ども②＝「トイレ，昼食の時間など自己の行動へのこだわり」（ab → c → d）
　★トイレに行けるポイントを伝える，昼食の時間が遅くなることがある
　　ことを伝える：事前・事後
子ども③＝「変更後をイメージできないことへの恐怖」（cd → e）
　★変更により何がどのように変わるのかを具体的に伝える：事後
```

れぞれの独自の世界に即して，その子どもが歩める道（回り道）を考
案することであり，私たちはその子どもがその道（回り道）を歩むた
めの支援をおこなうということになります。

　例えば，ASD の子ども①に「プリントに書かれた時間の遵守へ
のこだわり」という特徴が見られた場合，校外学習に関して子ども
①はそのようなこだわりの世界に住んでいます。こだわりをもつな
ということは，子ども①の世界を否定することになるので，否定す
ることなく，しかも集団の中で行動できるようにするためには，ど
んな回り道を歩めばよいのかを考えます。もしも，校外学習で時間
や予定の変更が生じた場合に，この子どもはパニックを起こしてし
まう可能性が高いと考えられます。つまり予定変更が生じてしまっ
てから，子ども①に対応するのでは遅いということになるわけです。
そうすると，予定変更に備えて，私たちは子ども①に対して事前に
対応しておく必要があることになります。つまり，子ども①は「校
外学習では予定の変更が生じる可能性があるということを事前に

知っておく，想定に入れておく」，「プリントに書かれたことはあくまでも基準になる目安」，すなわち「a→b」という回り道が必要になるということです。

　当然ですが，定型発達の多くの子どもたちはいつもとは違う「校外学習」では，しおりなどに書いてある時間通りにはいかない場合があることを経験的に知っていて，事前に説明がなかったとしてもパニックになることはありません。しかし，ASDの特徴をもつ子どもの中には急な予定変更を極めて苦手としている場合があります。したがって，私たちは，子ども①に「事前」に，「今度の校外学習だけど，お天気や道路の事情によって，当日先生から時間が変更になりましたというお知らせがあるかもしれないよ。例えば，休憩やお昼ご飯の時間が，しおりの計画の時間とずれる場合もあるからね。しおりに書いてある時間はその通りにすべておこなうということではなくて，おおよその時間の目安なんだよ」と，説明しておく必要があるということになります。

　図6-2に例を示したように，同じASDの子どもでも，それぞれにこだわりや不安のポイントは異なりますし，同じ「校外学習」の場面でも子どもたちはそれぞれ別々の世界に住んでいます。それぞれの世界が別々に存在していることは受けとめたうえで，その子どもが最も安心して行動できる回り道を探すことが大切です。これは，発達障害の種別や，症状ごとのカテゴリーで対応を考えることとは根本的に異なることであり，一方では対応マニュアルがなくても，対応する教師・保護者がその都度その都度，目の前の子どものあり方に合わせて自分で考案できる対応方法であるといえます。

　現象学的な発生の分析を用いた方法は，その方法を理解していれば，誰でもどこでもどんな子どもにも応用がききます。現象学的な

子ども理解を基盤として，発生的分析の方法を用いることができれば，子どもたち独自のあり方を否定することなく，子どもたちの成長を支えることが可能となります。

第 7 章

学校という場に見られる課題

(1) 集団の中で主体として生きる子どもたち

他者と共に生きること

　学校教育現場には，多くの問題や課題が見られます。学校という集団生活の場で子どもたちは「生きる」わけですが，子どもたちの多くは集団における人間関係の問題に悩み，人間関係の難しさを感じながら成長します。学校という集団における子どもたちの人間関係の構築について，具体例をあげながら考えてみたいと思います。

　ここで，精神医学者の木村敏の見解を参照したいと思います。木村は，人間の主体性のあり方に注目し，合奏を例にあげて，各演奏者が合奏を通して「世界と出会う」構造について説明しています。木村は合奏について，「外部である『あいだ』の場所に鳴っている音楽それ自体の自律性と，各自の内部からの演奏行為の自由な自発性とが，同じ一つの事態として生起している」(木村 2005a：41-42) と表現しています。すなわち，われわれ個々の人間 (演奏者) が音楽を知覚すること，音楽を自身の身体によって奏でることを通して，合奏により出来上がる音楽全体を構築し，経験するということです。それは一見個々のばらばらの行為 (演奏) に見えながら，一つの音楽を創造すること (合奏) に向かっていくことであり，個々の主体性は全体の主体性と共存することになります。

また，現象学的人間学の立場から運動について述べたBuytendijk (1956) は，主体とは情況との関わりの中で不断に何事かを知覚し，行為し，表現する働きであり，この働きは観察対象となる自己運動と情況との界面にあるとしています。これは，前述の木村の合奏についての見解と同様のものと見ることができます。すなわち，運動をおこなう人間の主体性は，情況 (自身を囲む世界) との関わりそのものであるといえます。

　以上のことから，人間の主体性は合奏や運動といった身体性を伴う体験の中にあるということになります。前述のように，子どもたちが自らの主体性を形成するにあたっては，情況との関わりを伴う身体的な活動の機会が必要であると解することができます。「他者と一緒に活動すると，良好な人間関係が構築される」といった一般論を超えて，人間学的観点から具体的支援や教育がおこなわれることが重要であると考えられます。

他者との関わりと共生

　ここで，人間学的観点により構築された教育実践例を紹介したいと思います。土屋 (2017b) の研究には，不登校児童生徒に対する指導の一環として，ハンドベルの楽器演奏を取り入れ，教育効果が得られた例が記述されています。

　ハンドベルは，演奏する全員が曲で用いられるすべての音を分担して奏でる珍しい形態の楽器といえます。演奏者が一人抜けてしまえば，そこに存在するはずの音が曲全体からすべて抜け落ちることになります。つまり，曲が成立しないという事態に陥るわけです。合奏の構造については木村 (2012) が述べているように，個々の演奏は全体の音楽に拘束されており，個と全体の関係によって成立しています。個として自分の役割を果たすと同時に，それはそのまま

全体の構造の中にあって全体との関係を維持しながら進んでいきます。全体の流れと個の演奏のよい関係を探りながら演奏が展開されます。

このような場に身を置くことで，身体を通して自分自身が全体との関係を保持しながら交わって存在できることを実感することになります。

木村（2005a）の合奏の例にならえば，演奏者は自己の演奏をするということと同時に全体を構成することを通して一つの主体性を経験しますが，まさにこのハンドベルという楽器を演奏することで生徒たちは，全体としての一つの主体性を，身体を通して経験することになります。特に，一人が欠けると曲が成り立たなくなるハンドベルは，学校を休みがちな不登校児童生徒には最もそぐわない楽器と思われがちですが，土屋（2017b）の実践事例では，あえてこれを指導の中に取り入れ，不登校児童生徒が他者との関わりと共生を自らの身体を通した「疑いようのない経験として実感する機会」としています。このように，子どもたちの成長において，人間学的な視点に基づいた身体活動・集団的な活動を意図的に取り入れることにより，他者との関わりの中で主体性を育み，自立への基礎を築くことが期待できると考えられます。

他者との関わりと共生を自らの身体を通した「疑いようのない経験として実感する機会」は，もちろんハンドベルなどの合奏以外でも得られます。多くの身体を伴う体験活動，スポーツ，集団でおこなう学校行事（体育祭や合唱祭など），宿泊を伴う行事など，機会として想定できることは多く存在します。しかし，そこで重要となるのは指導者の視点です。人間学的観点での教育実践をおこなおうとする指導者の視点が存在しなければ，体験活動や学校行事はその効果

を発揮する場とはなり得ません。第2章で内田・鈴木対論 (2015) の文章を取り上げましたが，指導者の視点がないところでは，「人間として最も優れた高度な『他者との共生能力』を持ちながら，自分の身体は『出来が悪い』と信じ込まされている子どもたち」が増えることになりかねません。

子どもたちが集団の中で主体として生き，他者と共生することを学ぶということは，学校教育現場における人間関係をめぐる課題と深く関係していると考えられます。

すなわち，不登校やいじめ，そして発達障害といった課題については，実は学校教育現場が共生の場であるかどうかが重要であると考えられます。学校や社会は，単に複数の人間が集合している場所ではありません。主体としての人間同士が複雑に関わり合う場です。子どもたちは日々，学校という社会で主体として他者と関わり，他者と共生していくためのトレーニングをしていると見ることもできるでしょう。

他者を思いやり，尊重するためには，他者を理解し，他者という「主体」との関わりを学ぶ必要があります。複雑な関係性と，その中で自分自身が主体としてどのように生きるのかということを学ぶことが必要不可欠であるといえるでしょう。

(2) 現象学的・人間学的観点から見たいじめの構造

ここで，学校教育現場での深刻な問題であるいじめについて，現象学的・人間学的観点をふまえて考察したいと思います。

いじめについては，学校教育現場で起きる問題の中でも深刻かつ重大であり，子どもたちの人生を左右することにもなりかねない問題であり，教師にとっても保護者にとっても，そして子どもたち自

身にとっても，何とか未然に防ぎたい問題であることはいうまでもありません。

　しかし，実際には学校教育現場で認知されるいじめの件数は増え続けていますし，子どもたちの命をも脅かす痛ましい事件の報道を目にすることもあります。

　子どもたちが，いじめが人間として許されない行為であることを考え学ぶ機会は，教育活動の中で繰り返し提供されています。道徳や学活・ホームルームなどでもいじめを題材とした教育がおこなわれています。学校では，いじめに関するさまざまな取り組みが実践されています。しかし，このような教育現場の日々の努力にもかかわらず，なぜいじめは起きてしまうのか。本書ではここに注目したいと思います。

　前述の通り，いじめは学校教育現場が共生の場であるかどうかということと深く関わっています。そこでいじめの事例を用いて，いじめに関する人間学的な構造分析をおこなってみたいと思います。

　なお，以下のいじめの事例は筆者の学校教育現場での教師としての経験および教育実践研究をもとに作成し，模擬事例として示すものです。

【事例】目に見えないパトスの歪みから生じたいじめ

事件のはじまりと経緯

　ある日，生徒 A（中学 3 年生女子）の財布がなくなったと本人から担任に訴えがあった。生徒 A は学年トップクラスの優等生で，生徒会活動にも積極的で，吹奏楽部で活躍している生徒であった。

Aによると，放課後に部活動に行く際にかばんの中を見ると，入っていたはずの財布がないと気づいたとのことであった。担任は，その日のAの行動や荷物の状態などを詳しく聞き，明日以降周囲の生徒などにも事情を聴いてみることを約束して帰宅させた。

　その後，Aの保護者からも担任に電話があり，部活動の終了後に学習塾に通っているので財布に少額の現金をもたせている。財布が盗難に遭って，Aはとても不安な気持ちになっているので，くれぐれも学校はよく調査をしてもらいたいとのことであった。

　翌日，Aの周辺の生徒に聞き取りをおこなったところ，有力な情報が得られた。複数の女子生徒の証言があり，Aのクラスメイトの生徒BがAのかばんらしきものを開けているのを見たとのことであった。

　担任が生徒Bの周辺を確認したところ，Bの机の奥の方からAの財布が見つかった。Bは大人しく，真面目な生徒で，体操部で活躍しており，同じ部の友人や後輩からも好かれている生徒であった。担任はすぐにBを呼んで事情を聴くことにした。

　BはAのかばんや財布のことはまったく身に覚えがなく，どうして自分の机の中にAの財布が入っていたのか見当もつかないと話した。

　Aの財布が見つかり，Bには事情を聴いているということはAの耳に入り，さらにAの保護者の知るところになった。保護者はBへの厳しい対応を求めてきた。生徒Aとその周辺の女子生徒たちは，生徒Bが犯人であること，以前からAのことを理由なく誹謗中傷していることもあったなどの情報をクラスやその他の生徒たちにリークしたこともあり，Bのことをあれこれ話題にする生徒たちも増えていった。事件の真相が明らかにならないにもかかわらず，Bは加害者としてクラスの生徒たちから排除され，Bの机にはBを中傷する言葉が書かれるようになった。やがて，そのことが他学年の生徒にも知られるようになり，Bは仲よくしていた体操部の生徒たちにまで無視されるようになった。やがて，Bは学校に来られなくなってしまった。

Bが学校に来られなくなり，心療内科を受診しているとのことであった。Bの保護者は，娘は財布を取ったりしていないといっているが，もう誰とも話したくないといって，家族とも話ができない状態になっているとのことであった。

　その間も，Aの保護者は生徒Bとその保護者に謝罪を強く求め，学校の管理責任も厳しく追及してきていた。

　Bが学校に来られなくなって2週間ほどが経ったある日，担任に匿名の手紙が寄せられた。その短い手紙によれば，生徒Aとその周辺の生徒数名が，放課後の教室でBの机のあたりで何かしていたということであった。

　担任は生徒Aの周辺の生徒たちに聞き取りをしたが，Bの机の周辺で何をしていたのかは結局わからなかった。その後また2週間が経ったある日，A周辺の生徒の一人であるCがスクールカウンセラーとの面談に訪れ，不安で不眠が続いていると訴え，数回の面談の中でCは，生徒Aからのプレッシャーで，とても辛い思いをしていることを訴えたとのことであった。

事件の真相

　その後の調査によって，徐々に真相が明らかになっていき，生徒Aの財布盗難事件はAとCを含む周辺の生徒たちによる自作自演であったことがわかった。Aは自らの財布をBの机に入れて，盗難に遭ったことを装っていた。

　いじめの構造としては従来から，「被害者」と「加害者」のほかに，いじめを支持する「観衆」，いじめを見て見ぬ振りをする「傍観者」などの立場があり，観衆や傍観者もまた，加害者とは異なるかたちでいじめの構造を成立させる働きをしていると考えられています。

　小林編著（2016）は，「なぜいじめが起こるのか」ということにつ

いて，「いじめをしてしまう子ども」や「いじめを見なかったことにする子ども」には，実はそうせざるを得ない何らかの理由があるとし，そこを理解し，確かな対応をすることが重要であると述べています。

小林編著 (2016) はさらに，いじめをおこなう（または加担する）子どもたちの様態を以下の３つに分類しています[14]。

① 被害感に基づくいじめ

② 劣等感に基づくいじめ

③ 孤独感に基づくいじめ

これらの分類を念頭に置きながら，事例のいじめの構造について，特にいじめが生じてくる際の子どもたちの内面の状態に注目して考えてみたいと思います。

事例の生徒Ａは一見，学習や学校生活に前向きな優秀な生徒に見えます。もしかすると事例の担任の先生は，Ａのポジティブな面に注目していて，まさかＡがいじめの首謀者になるとは思っていなかったかもしれません。現象学的に見た場合，この先生は「自然的

14　小林編著 (2016) は，いじめている子どもについて３類型を示して次のように説明しています。
　①「被害感に基づくいじめ」は，「大人たちからの期待や要求に従って生きている。しかし，自分より力の強い大人に敵意を向けることができず，自分たちより力の弱い立場にいる友だちに敵意を向けてしまう」。
　②「劣等感に基づくいじめ」は，「大人たちからの『ものさし』で絶えず比較されている。それは際限のない不安でいつしか劣等感につながる。この劣等感は，自分よりすぐれたものを引きずり下ろしたい。自分より劣っている者に対しては，自分の優位を示したい気持ちを生む」。
　③「孤独感に基づくいじめ」は，「自分以外はすべて競争相手になる。いずれ一人ぼっちという心理的孤独感を抱くようになる。それは耐えがたいものであるため，表面的なつながりを求めるようになる。いじめを見ても教師に報告しない一体感につながってしまう」。

態度」にあり，生徒を本質直観できていないということになります。しかし，現象学的に超越論的態度で生徒Aをとらえ直し，本質直観し，さらに人間学的なパトス分析をしてみましょう。

【事例解説】生徒Aに対する現象学的本質直観とAのパトス分析

　絶えず母親からの強い期待を感じ，塾に行ってしっかり勉強してよい成績を取らなければならない，優等生でいなければいけないと，母親の期待に応えたいという強い思いを抱き，プレッシャーを絶えず感じている。勉強に加え，生徒会活動や吹奏楽部の活動にも積極的に取り組んでいるが，多忙で余裕がなくなってしまうこともある。優等生でいようとするとストレスも溜まり，周囲の友人に高圧的にあたってしまうこともある。そんなときにふと，生徒Bの様子が視野に入る。生徒Bはクラスや部活動の仲間たちから好かれていて，楽しそうに学校生活を送っているように見える。Bのように伸び伸びとした学校生活ができたらいいのに，友人と楽しく過ごせたらいいのにという気持ちでBを見ていたが，一方で日々余裕のない毎日で疲れ切っている自分に比べ，Bが笑顔にあふれ幸せそうなのが許せなくなってくる。そのうち，Bのことを苦しめてやりたい，Bの足を引っ張りたいという気持ちが生じる。

　Aは，「他者をいじめるのはよくないし，してはいけない」ということは頭ではわかっている。しかし，「このままでは自分自身のストレスが解消できない」，「自分より恵まれている他者を攻撃することでストレスを解消したい」，「自分が加害者になることがばれなければいじめてもいいのではないか」，「同じような思いをもっている友人たちと一緒にやればいいのではないか」といったパトスの歪みが生じ，Aがいじめに向かう態勢がつくられていく。

Ａは事例においていじめの加害者ですが，生徒Ａに対する現象学的本質直観とＡのパトス分析の結果と，小林編著（2016）の分類に照らし合わせてみると，「①被害感に基づくいじめ」と「②劣等感に基づくいじめ」の両方の面がうかがえます。Ａは，母親からの期待や教師からの評価を絶えず気にしながら，そういう期待や評価に苦しめられていて，大人たちに反発を覚えています。しかし，大人たちに反抗することも許されない状態にあると考えられます。これが「①被害感に基づくいじめ」への要因になります。

　またＡは，優等生であるという優越感とは裏腹に，自分より自由に楽しく学校生活を送り，周囲の人からも好かれている人への劣等感も強く感じています。この劣等感は，自分よりも優っている人間をどうにかして引きずり下ろしてやりたいという気持ちを生じさせます。これが「②劣等感に基づくいじめ」の要因になります。

　一方，いじめは加害者Ａだけでは成立しません。これに加担するＡの周辺の生徒たちの存在です。ではここで，生徒Ｃを取り上げて，本質直観とパトス分析をしてみましょう。

〰〰〰〰〰〰〰〰〰〰〰〰〰〰〰〰〰〰〰〰〰

【事例解説】生徒Ｃに対する現象学的本質直観とＣのパトス分析

　生徒ＣはいつもＡやその他の友人たちと学校では一緒に過ごしている。ＡやＣと仲間たちは仲よしグループだと思われているが，Ｃはそこにいていつも居心地がよいわけではなく，Ａの機嫌が悪いときにはグループ内の雰囲気が悪くなり，とても窮屈な思いをしていた。Ａが高圧的な態度を取ってきて，グループのメンバーに命令するような口調になるときがあるので，みんなＡのご機嫌を取るような感じになってしまう。居心

地が悪い日が続くと，Cはこのグループにいること自体をやめたくなるけれども，他のグループに入る勇気もなく，日々が過ぎていく。Aが「最近，Bが気に入らない」ということをいっていた。自分はBについて否定的な感情をもったことはないが，Aに同調しないと機嫌が悪くなり，自分の悪口をいわれ，仲間外れにされるのが怖くて，同調してしまう。いつの間にかグループ内では，「Bをみんなで懲らしめよう」という雰囲気になって，ある日Aが考えた作戦をみんなで実行することになってしまった。Cの内面では，「何の理由もなく，Bをいじめるなんてしてはいけない」けれど，「計画通りにやらなければ自分が仲間外れにされてしまうかもしれない」という恐怖に駆られ，「やってはいけないことだけどやらなければならない」という気持ちになり，「みんなでやっているのだから自分だけが悪いのではない」と思うに至り，結局Aに加担してしまった。Cに対するAの呪縛や圧力はなかなか解けない状態が続き，Cは恐怖のあまり，本当のことを誰にもいえないでいる。

生徒Cに対する現象学的本質直観とCのパトス分析の結果と，小林編著（2016）の分類に照らし合わせてみると，「③孤独感に基づくいじめ」の面がうかがえます。Cは，一人になってしまうという恐怖と孤独にどうしても耐え切れず，Aのグループメンバーとの表面的なつながりを絶つことができず，結果としていじめに加担してしまいました。そして，いじめに加担した後もその呪縛は続き，グループから疎外されたくないということから真実を語ることができません。

　もちろん，いじめをせざるを得ない何らかの理由（小林編著2016）があれば，いじめが正当化されるということは一切ありません。しかし，私たちはいじめが生じることのないよう未然に防止するため

に，いじめが生じてしまうのはどうしてなのかを真剣に考え，有効な手を打つ必要があります。いじめを起こさせないために，教師や保護者ができることは何かを，現象学的・人間学的な思考によりあらかじめ考えておくことが求められています。

まず私たちに必要なのは，いじめが生じる可能性のあるパトスの歪みを早期に発見し，歪みを小さくするためのケアをおこなうということでしょう。この事例の場合，いじめが発生するずっと前から，Aをめぐる人間関係の中に大きな歪みが生じていました。また，AやCなど一人ひとりのパトスの歪みが次第に大きくなり，いじめを発生させる要因につながっていきました（図7-1）。

担任の先生や保護者や家族など，AやCに関わる誰かが，この歪みに早く気づいて対応していたなら，このいじめは生じないで済んだ可能性が高いと考えられます。人間関係やパトスの歪みを早期発見するために，「子どもの現象学的・人間学的理解」と「人間関係の構造をパトス的に読み取る」という2つのことが不可欠であるといえるでしょう。

いじめは，子どもたち一人ひとりが，「主体」として生きられなくなっている状態です。木村（2005a）の合奏の事例の通り，その集団や場所が，個としての主体性と全体としての主体性とが同時に存在できる状態なのかどうかが大変重要であると思います。「子どもの現象学的・人間学的理解」は主体として生きる子どもの理解であり，「人間関係の構造をパトス的に読み取る」とは集団としての主体性のあり方を理解するということです。

いじめの未然防止と早期発見のためにできることをまとめておきます。普段から，子どもたちのあり方を正しくとらえようとする姿勢を忘れず，本質を見て，歪みを発見し，歪みの調整をおこなうと

【図7-1】事例に見られる「いじめの構造」

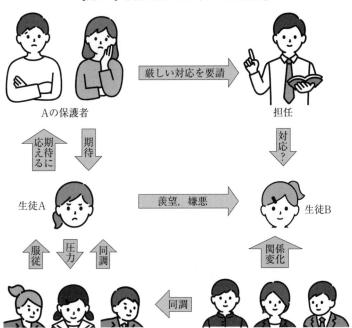

Aの保護者 → 厳しい対応を要請 → 担任

Aの保護者 期待／期待に応える 生徒A

担任 対応？ 生徒B

生徒A → 羨望, 嫌悪 → 生徒B

生徒A 服従／圧力／同調 Aの周辺の生徒たち（Cを含む）

生徒B 関係変化 クラスや部活の生徒たち

Aの周辺の生徒たち（Cを含む） ← 同調 ← クラスや部活の生徒たち

いうことです。

① 子どもを現象学的本質直観で見る： 表面的な情報に惑わされず，エポケーを施し，本質を見る。

② 子どものパトスのあり方を知る： 言葉や表情だけに惑わされず，内面を正しくとらえ，パトスの歪みがないかどうかを検証する。

③ 子どもたちの人間関係を本質直観で見る： 表面的な人間関係のあらわれに惑わされず，エポケーを施し，人間関係に偏りや不自然さがないかどうかを検証する。

④ 子どもたちのパトスの絡み合いに注目する： 子どもたちの
　パトスの歪みが絡み合い，複雑な様相の中で大きな歪みを生じ
　させるような状態になっていないかどうかを検証する。
⑤ 以上において発見された歪みや偏りを調整する方法を考えて
　実践する： 主体性としての子どもが生きられる状態，共生で
　きる環境を整備し，確保する。

第8章

教師と保護者

(1) 教師に求められる保護者理解

保護者とはどんな存在か

　子どもの存在を考えたとき，その周囲にはまず家族がいます。友人や教師はもちろん，子どもにとって身近な人間ではありますが，家族，特に保護者と子どもとの関係は特別なものであるといえます。

　保護者はいうまでもなく，わが子を大切に思い，愛情をもって育てています。しかし，家族というのは難しいもので，愛するがゆえに，そして大切であると思うがゆえに関係をうまく保てなくなることもあるわけです。

　一緒に生活し，日々を共にしていると，お互いの「いいところ」だけでなく，「不都合なところ」や「悪いところ」が見えてきます。保護者からのちょっとした一言が，子どもにとっては大きな傷になってしまうこともあるかもしれません。深く，継続的な関係にある保護者は，子どもにとって大きな存在であり，影響力はいうまでもなく多大です。

　保護者は，わが子ができるだけよい方向に向かえるように「援助」しようとしますが，場合によっては子ども自身にとっては「援助」ではなく「プレッシャー」になってしまうこともあり，お互いの思いがいつも嚙み合うとは限りません。保護者の「愛情」が過度

117

な「期待」となってしまったとき，それは子どもにとっては受けとめがたい「圧力」に感じられたりします。子ども自身が保護者の「期待」に思うように応えられないときには，身体症状を伴う病気になったり，保護者の思いをわざと受け入れないという態度を取ったりすることにもなります。

　濃密な人間関係の中で，互いの複雑な思いが絡み合って，結果としてまったく想定しなかった「よくない」関係をつくりだしてしまうこともあります。保護者と子どもとの関係が悪化してしまう場合においても，その他の人間関係と同様に，当事者一人ひとりに落ち度があることは少ないように思います。「よくない」関係は，偶然できてしまう場合がほとんどです。しかし，家族との関係の不安定を抱えている場合に，子どもはなかなか前向きに生きることができません。

　まったく逆に，保護者と子ども自身との関係が良好であり，ほどよい距離感で保護者が子どもを見守っている場合，子どもは学校での生活に前向きになれます。家族や保護者の愛情を肯定的に受けとめられれば，その子どもの心は安定し，安心して学習やその他の活動に向かうことができます。

　このようにとても身近で特別な関係だからこそ，教師は子どもと保護者の関係について，いつも注目しておく必要があります。保護者がどんな人物なのか，どんな価値観や考え方をもっているのかということはもちろんですが，子どもとの関わりがどのようになっているのかは，学校教育の中で生徒を育むうえで大変重要なことがらです。子どもと保護者の関係もまた，日々変化しているので，子どもの言葉や様子，保護者との連絡などから，家族の中での子どものあり方を見ていくためにも，教師はこのことに注目していなければ

なりません。

保護者と教師の関係構築・協働の可能性

　保護者と教師との関係をどのように構築していくべきでしょうか。よくいわれるのは「信頼関係」が大切ということです。しかし，そんなに簡単に「信頼関係」をつくることができるでしょうか。

　そのためにはまず，「一緒に子どもを育む」という立場をお互いに理解できるようにしていくことが求められます。教師と保護者との関係は，依頼されたことをしてもらうという関係でもなければ，いずれかがいずれかの指示に従うという関係でもありません。つまり，その関係は「直接的援助者同士の関係」ということになります。同じ目標，それは「子どもの成長のための援助をおこなう」ということにほかなりません。しかし，それぞれが果たすべき役割と立場，子どもとの関係が異なります。

　また，教師は保護者の代わりになることはできません。いくら愛情を注いで指導をするといっても，それは家族のものとはまったく違うものですし，むしろ異なるものでなければなりません。教師は，保護者と子どもの関係を見据えながら，「今，ここでその子どもに求められること」を冷静に見極め，援助のコーディネートをおこなう立場にあるといえます。まさに，教師は子どもを育むうえでの教育のコーディネーターとしての役割を担っているのです。

　コーディネーターとして，「今，ここでその子どもに求められること」を保護者に説明し，理解していただき，異なる立場から子どもを支えていくことができれば，教育は大きな効果を生んでいくことでしょう。

　ここで注意しなければならないのは，教師は子どもの教師であって，保護者の教師ではないということです。保護者は，それぞれに

社会での多くの経験を有している大人であって，それぞれに考え方や価値観をもっています。その考え方や価値観に対して意見することが仕事ではありません。そうではなくて，「子どもの成長」という同じ目的に向かうパートナーとして，協力し，子どもを育むためのそれぞれの役割を果たすために，教師のコーディネートのもとで，保護者の皆さんを含めた，教育上の「協働」の体制を構築することが重要です。

　そのために，日頃から子どもの状況や変化について連絡を取り合い，日々の関係を少しずつ構築していく必要があります。子どもと教師は日々顔を合わせますし，保護者と子どもも日々生活を共にしています。つまり，最も関係構築が困難なのが，教師と保護者との関係であることはいうまでもないことです。

　だからこそ，教師は「子どもの状況をどのように把握しているのか」，子どもの指導について「どのような方向性で考え」，「今，何をしようとしているのか」ということを，できるだけ保護者に説明し，互いの協働のかたちをイメージできるようにするための努力を重ねなければなりません。

　そして，できるならば教師は保護者への「コンサルテーション」をおこなうことが期待されます。「コンサルテーション」とは，子どもに対して「どのような援助が有効であるのか」を話し合いながら提案するということです。具体的な方法や子ども本人との接し方については，もちろん個々に異なりますし，状況によっても違ってきます。保護者との話し合いの中で，子どもの状況についての情報交換をおこないながら，今その子どもに必要なことを考え，その視点において保護者の方にしていただくことを提案するということが，教師に求められることがらです。適切な「コンサルテーション」が

できれば，教師と保護者は，立場こそ異なるけれども，同じ目標に向かってそれぞれの役割を果たしながら協力し，協働できるパートナーになることができると思います。

「コンサルテーション」をおこなう場合には，保護者の立場や考え，わが子に対する教育の方針を十分に理解し，受けとめ，尊重したうえで，共に子ども自身の今後を見据えていくようにできれば，豊かな協働の関係を構築できるはずです。この協働関係のもとで，子どもの自立を促していくことが重要なのだと思います。

保護者の見えない「主訴」

さて，教師と保護者との協働関係の構築が大切だということは理解できるとは思いますが，実際にどのようにしてそれを実現するのかということを考える必要があります。

ここでは，教師が保護者をどのように理解することができるのかということについて取り上げます。本書は子ども理解を主題としていますが，子どもを理解していくうえで教師と保護者が相互に理解し合うことは不可欠でしょう。相互理解という言葉はよい響きをもっていますが，実際にこれを構築するのは容易なことではありません。

教師の側には「この保護者は身勝手なことばかりいってくる」，「保護者の要求に応えていたらきりがない」という不満があるかもしれませんし，一方保護者の側にも「この先生のことは信頼できない」，「子どもの問題は学校でどうにかしてほしい」という言い分があるかもしれません。このように，両者の立場や考えに隔たりが生じ，相互不信感が募る場合さえあります。

「モンスターペアレンツ」（モンスターペアレント）という言葉を聞いたことがあるかもしれません。モンスターペアレンツは，一般的

には，理不尽かつ非合理，高圧的かつ感情的な態度で不当な要求を突きつけてくる保護者のことであり，このような要求により学校教育現場をかき回し，教師たちを脅かし悩ませる人たちといった受けとめをされているようです（橋本編集代表 2019）。

　確かに，教師や学校に対してさまざまな要求をしてくる保護者はいますが，果たしてそれはモンスターなのか。この点は，あらためて考えてみる必要があります。このような保護者の要求に振り回される教師や学校側の印象としては，学校に絡んでくる不都合な存在と感じることもあると思いますが，私たちはこれを現象学的に，人間学的にとらえ直す必要があります。

　まず，理不尽かつ非合理，高圧的かつ感情的な態度で学校や教師に要求をするという保護者がいた場合，保護者のこのような態度の背景に教師や学校への敵意，攻撃の意図があるのかどうかを検証する必要があるということです。

　第1章で私たちは，子ども理解における現象学的な本質直観の重要性を確認しました。教師には，子どもを協働して育てていくパートナーである保護者についても，本質直観をしようとする姿勢が求められます。保護者が教師や学校にクレームを申し出る場合，いうまでもなくそれはわが子に関することです。言い換えれば，保護者のクレームは「自分の子どもが尊重されていないのではないか」，「自分の子どもが不当に扱われているのではないか」といった不安と心配から生じていると解することができます。不安や心配は，もつなという方が無理なことです。子どもを守ろうとする保護者の思いは，抱いて当然の感情でしょう。それはときに，教師や学校の指導や姿勢に対する強烈な批判というかたちで示されます。しかし，それは「かたち」です。私たちは本書で既に，目に見えるかたちに

振り回されるのではなく，目に見えない本質を感知することが重要であることを確認してきました。

　自然的態度ではなく，超越論的態度で見てみると，保護者が本当に求めていることは何かが見えてきます。高圧的な態度も，理不尽な要求も，あらわれとなった「かたち」であり，本当の意味で教師に求めていること，本当の意味で学校に応じてほしいことは，多くの場合においては別に存在するといえます。ここで難しいのが，「本当の意味で求めていること」を本人である保護者自身も気づいていない可能性があるということです。

　心理学では，カウンセリングの際にクライエントが自分の問題の中心としてもっているものを主訴と呼びます（氏原ほか編 2016）。カウンセリングをおこなううえで，主訴を受けとめることは重要ですが，現象学的な立場からは，本人が本当の主訴を表現できている場合と，できていない場合があると考えられます。つまり，本人が自覚的に言葉で表現できていることと，本人も気づいていないことがあるという見方です。

　このような立場から，教師や学校からはモンスターに見えている保護者の態度や要求についてとらえ直してみると，「自分の子どものことをもっと丁寧に尊重してもらいたい」という「主訴」が見えてきます。教師や学校は「公正で公平な立場」を取らなければならないことから，保護者との関わりにおいても「公正さと公平さ」が最上位に置かれます。もちろん，これは正しい立場といえるでしょう。しかし，ここで留意しなければならないことがあります。目の前にいる保護者にとって最も重要なことと，教師や学校が最重要視している価値観とのズレです。

　例えば次の具体例について考えてみます。なお，この事例は，筆

者が学校教育現場の経験と教育実践研究をもとに模擬事例として作成し，提示するものです。

【事例】 入学前から学校への不信感を抱いていた保護者

　生徒本人（高校1年生）は中学校時代に不登校の経験がある。そもそも本人が登校できなくなったのは，学校側（当時生徒本人が通っていた中学校）の対応と所属していた部活動の顧問が原因であると保護者は考えている。

　入学当初より，保護者の「対学校」と「対教師」の不信感が強く，何かあったら「学校が悪い」という強い先入観と，自分の子がいうことだけをすべて鵜呑みにしてしまうという傾向が見られた。

　例えば，生徒自身が逸脱した行動を取ったために同級生からやや冷たい対応を受けたという場合でも，「うちの子は悪くない。悪いのは冷たい対応をした周りの生徒である」という主張をしてくるため，保護者との話はことがらの解決や改善ということからずれてしまうことになる。

　さらに，以上のような生徒間のトラブルがあった場合に保護者に経緯を説明する際にも，「そんなことより，このことがきっかけでうちの子は落ち込んだり荒れたりしている。それに対応する私たちは大変苦労している。こういう親の気持ちをわかっているのか」と，担任や学校に怒りをぶつけてくるということもあった。

　この保護者は，自分の子どもには腫れ物に触るような対応をしており，保護者から本人に直接指導したり，話をしたりしてもらうことはほとんど期待できない。また，本人に確認できないためか，学校生活や友人関係，学校からの連絡事項などについてもすべて担任や学校に確認してくるので，担任はこの保護者への対応に毎日追われてしまうという状態であった。

この事例では，明らかに教師，保護者それぞれの思いや価値観が噛み合っていません。教師は，事例の保護者のことを「自分の子どもとコミュニケーションが取れていないのに，何でも学校や教師のせいにする厄介な人」という印象をもっています。一方，保護者は「学校や教師は信用できないし，うちの子が悪い立場に立たされて，結局親が窮地に立たされる」というように，そもそも学校や教師に対して懐疑的です。このような状態が続くと，子どものことは脇に置いて，両者が自分の方が正しいということを主張し合うことにつながります。

生徒間のトラブルを速やかに解決するためにも，教師と保護者の対立は避けなければいけません。そのためには，両者が目的を明確にする必要があります。目的はいうまでもなく「子ども自身の成長」です。

トラブルが生じると，「誰が悪いのか」ということだけに焦点が絞られがちです。このことは「いじめ」の部分（第7章）で見てきた通りです。

これはすべて，物事を因果関係で処理しようとする私たちの癖から生じています。原因がはっきりすれば，物事はすべてうまく収まるという先入見の呪縛があるということです。そして，自分自身の立場を守ろうとするあまり，「相手が悪い」，「相手が間違っている」というロジックに陥っていきます。

この事例について，教師の側の保護者理解をあらためて現象学的な態度で，人間学的なパトス分析をおこなってみましょう。保護者の「主訴」（保護者自身も気づいていないかもしれない目に見えない本質）は何か。この保護者は，わが子の不登校の記憶とそれに関する不安でいっぱいです。「学校でトラブルがあれば，わが子が再び不登校の

【図 8-1】 現象学的な立場での保護者理解と対応

教師

【教師や学校としての見解】→ 排除や否定
× 他の（クラスの）生徒たちが困っています。
　迷惑しています。
× 学校として対処しかねます。
× あり得ません。
× 常識から判断しておかしいです。

【子ども，保護者を主体とした話】→ 共感
○ お母さま，お父さまのお立場や気持ちは
　わかります。大変でしたね。
○ 本人にとってよい方法を考えましょう。
○ 本人が自ら動き出すための方法を考えま
　しょう。
○ 本人が今後困らないようにしていきましょ
　う（何かを学び取れるように）。

保護者

【図 8-2】 教師・保護者が目指す協働

目指すは「子どもの成長」という共通点

保護者

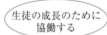

生徒の成長のために
協働する

自分が正しいという結論だけにこだわらない
　何らかの問題が発生し，誤解やすれ違いが
　生じてしまったとき，
× 相手に非を認めさせる。
× 自分の立場からの正しさだけを主張。
× 対立構造の中での話し合い。
× 自分の理屈を押しつける。
　　→ 結局は「不信感」が募る

※「子どもの成長」のためにお互いが
　異なる立場からできることを模索する
　（子どもの立場に立って）

教師

状態に陥るのではないか」,「そうなったときには親としてどうしたらよいのか」,「子どもは普段からあまり自分のことを親に話さないので,学校ではどのように過ごしているのかわからない」など子どもへの心配は尽きませんし,また子どものことを発端に自分に降りかかってくるかもしれない心理的負担についても恐れています。こうした保護者のパトスを,教師は感じ取る必要があります。また,保護者自身も,自分自身が抱く不安や学校への不信感の「正体」について,冷静に考えてみることも大事なことでしょう。それもこれも,すべては子ども本人の成長を支えるために必要だからです。

(2) 保護者自身に必要となる自己理解

保護者のこだわりの正体,子ども理解のための自己理解

　ここまで,教師の保護者理解を中心に見てきました。子ども理解を深めるためには,教師も保護者も自己理解を基盤とする必要があります。つまり,現象学的な本質直観のためには自然的態度から超越論的態度への態度変更が必要となりますが,その際に,自分自身の子どもに向かう態度について反省的に見直し,こだわりや自分本位の姿勢（自然的態度）を超越論的に還元しなければなりません。

　第1章で詳しく述べましたが,人間は日常の自然な,当たり前のあり方の中では,自分自身を囲む「状況」に取り込まれており,そのことに気づかずにいます。このまま他者を見ると,どうしても先入見や自分自身の価値観にとらわれてしまい,他者の本当のあり方を見ることができません。

　自分が子どもと向き合っている際に,自分自身の見方で子どもを理解したつもりになっていないかどうか,自分自身で意識的に確かめることが求められます。子どもの立場や視野に立っていない働き

かけは，残念ながら子どもには届きません。さらにいえば，子どもの目には「大人が大人の価値観を押しつけている」ように見え，「自分のことをわかっているように振る舞いながらも，まったくわかっていない」と映り，その働きかけに反応する気にもならない，または保護者が自分を思い通りに動かそうとする意図を読み取って嫌悪感を抱き反発するということにつながります。それはすべて，子どもの視野や内面のあり方を受けとめることなく，子どもと対峙することによる弊害です。

その結果，子どもは保護者から認められていないことを感じ，自身を失い，自己肯定感が低下してしまうということになり，私たちが目指す「子どもの成長」とはまったく異なる結果を生むことになります。

保護者自身の心的容量

さらに，保護者は自分自身の理解として，自分自身の置かれた状況をあらためて確認しておく必要があります。それは，「成人期」[15]の問題です。子ども理解には，大人の側の心理的余裕が必要となります。感情的になり過ぎず，主体としての子どもを受け入れ，子どもの内面を見るための心的容量[16]です。

子どもの成長，発達と共に，並行して保護者も家族や社会の中での役割や課題があらわれます。大人は大人になってしまったら同じ

15　成人期には，家庭生活や社会生活上のライフイベントや役割（育児・家事・家族の世話・職場での諸問題・職場での人間関係など）が多く，不安や心身の過労からさまざまな疾患を発症する可能性が高い時期とされています。特に更年期は疲労の蓄積もあり，心身の不調があらわれやすい時期です。特に女性はホルモンバランスの変化から自律神経失調症（更年期障害）が発症する場合もあり，心身の負担感が増す時期とされています。河野ほか編（2006）参照。

状態にあるのではなく，大人もまた日々人間として成長し，変化していきます。20代，30代，40代，50代……と，子どもと向き合いながら大人も自分自身のライフステージを歩んでいきます。

そこには，一人の社会人としてのキャリア，職場の人間関係，職場での役割があり，そのときどきに大きな，深刻な問題が生じることもあり得ます。また，家族の一員として，子育てだけではなく，家事の負担，介護などの役割が生じ，さらに自身の健康の問題も抱える可能性もあるでしょう。40代になればいわゆる更年期にさしかかり，心身共に不調があらわれることもあり，さまざまな状況の中で，ときに子どもと向き合うためのゆとりがなくなるかもしれません。

心的容量が保持できていない状態のときに，子どもと対峙した場合，エネルギー不足で思うように対応することができず，図らずも感情的になることさえあるでしょう。そんなとき，学校で子どもがトラブルに巻き込まれるなどということがあれば，「どうしてうちの子どもがトラブルに巻き込まれるんだ。私だって一生懸命やっているのに，学校は何をしているんだ」と，教師や学校に不信感が募ることにもなりかねません。

もちろん，保護者も自分を囲む状況を容易にコントロールすることはできません。いつも十分な心的容量を持ち合わせるというわけ

16　深尾（2017）は，著書『精神病理学の基本問題』の中で，精神科医と患者の関係において精神科医に求められる「心的容量の非対称性の条件」ということを記しています。それは精神科医が患者よりも知能・知識・経験・成熟度が優っていることであるとしています。この深尾（2017）の見解を参考にして，本書では，教師・保護者が子どもとの関係において，子どもを理解する立場に立つときの人間としての精神的な余裕という意味で「心的容量」と表現しています。

にもいかないでしょう。保護者にできることは，そういった自分自身の状況をふまえておくということです。「今，自分には心的容量が不足しているから，物事を冷静に受けとめ，主体としての子どもを尊重することが難しいかもしれない」ということを自身で確認しておけば，必要以上に感情的になったり，他者に攻撃的になり過ぎたりしなくて済みます。感情的な言動は，余裕のない気持ちを一時的にはすっきりさせることになりますが，長い目で見た場合には，子どものためにも自分自身のためにもなりません。

　保護者の自己理解は，自分自身の心的容量の確認からはじめたいと思います。そして，心的容量が小さいとき，すなわち子どもの成長のためになることができないときには，少なくとも「子どもの成長のためにならないことはしない」という姿勢をもてればと思います。

第 9 章

教師に求められる実践知

(1) 教師に必要な身体能力としての実践的指導力

生徒指導において必要となる実践的指導力

　ここでは，教師に実際の教育現場で必要となる生徒指導の力について考えてみたいと思います。これまでの章では，「子ども」理解について述べてきましたが，ここでは学校教育現場での「子ども」理解を基盤とした「生徒指導」において，教師に必要となる身体能力としての実践的指導力とはどのようなものであるかという視点で考えます。

　教師に必要な，身体能力としての実践的指導力を検討するに先立っていくつかの前提を確認しておきたいと思います。

　第一に，私たちが「実践的指導力」という「能力性」について検討する際に注意しなければならないことは，「実践的指導力」を教師個人に備わる実体的な「力」としてとらえてはならないということです。実践的指導力は教育に関わるさまざまな環境が，子どもの自己実現の達成を助ける機能としてとらえることが必要です。つまり，実践的指導「力」は「もの」的な実体概念としてではなく，「こと」的概念として理解されねばなりません。したがって，このような機能概念としてとらえられる「実践的指導力」は，その都度その都度の情況と対話する「行為の中の省察」による「実践知」に関す

131

る能力と解されなければならないということです。

　第二として，私たちは考察対象としての実践的指導力が，いくつかの能力要素が相互に絡み合っているとはいえ，主題化された内容を目的に応じて類化し，さらにその中に対象を分節化しながら構造分析を進める必要があります。つまり，実践的指導力の現象学的構造分析ではこの能力が単独で用いられるようなものではなく，相互に絡み合いの構造をもつと共に差異化現象の世界にあり，それぞれの能力はあらわれと隠れの相互隠蔽の原理に支配されることがまず理解されねばなりません。

　第三として，実践的指導力は学校というパトス的場における生徒・保護者・同僚といった関係の中で教育を成立させる力として姿をあらわすということです。教育に関わる人間のパトスに関与しない実践的指導力は存在しません。

　最後に，この能力は意図的な訓練を通じて養成する能力であるということです。「経験を積めば自然に力はつく」といったものではありません。また，問題の中にはすぐれた人格や合理的なマネジメントによって切り抜けられるようなことがあったとしても，それによって教師の能力性が問われないということにはなりません。素朴な人格論やマネジメント方法論が先走りし，能力の分析が置き去りにされることは許されないことです。

身体能力としての実践的指導力

　まず，教育実践力を形成する身体能力について考察を進めるに先立って，ここでいう身体能力をいわゆる「物質身体」の生理学的指標に基づく体力としての能力などと区別された「主観身体」に蔵された能力であるということを再度確認しておきたいと思います。

　ここでは教育実践における現象学的な主観身体の身体能力につい

て，生徒状況の「感知能力」，「共感能力」，「代行化能力」の3つの能力を基底にします。そして，「生徒体感能力」，「生徒観察能力」，「生徒交信能力」，「生徒行動代行能力」，「生徒指導処方能力」に構造化し，それらを「実践的即興能力」としてまとめあげることとなります[17]。

なお，ここで注意をしておきたいことは，以下ではそれぞれの能力を生徒との関係性を基点として考察しますが，これらの能力は，例えば，生徒体感能力は保護者体感能力，同僚体感能力といったように，教育現場に関わるさまざまな関係に適用できます。したがって，以下の考察はそれぞれの関係性に適用可能であり，教育実践がそれぞれの関係によって構成される多重構造であることを理解することによって各能力の運用が広がるといえます。以下，それぞれの能力について考察します。

① **生徒体感能力**　人と人とが関わる場では，「会議の重い雰囲気」とか「交渉は友好な雰囲気のうちにおこなわれた」というように「雰囲気」というものが人と人とのあいだの領域において経験されます。教育の場でも雰囲気というものが存在し，人と人とのコミュニケーションはいつも何らかの雰囲気の中で遂行されます。

この雰囲気については，既に第3章で述べたように，「全身感覚」を用いて感覚システム全体で感じ取られる「体感能力」によって把握されます[18]。この体感能力は，「今ここでの私の身体」が，つまり「原身体」[19] が経験の大地となって機能する。この意味での身体が，

17　金子明友は『わざの伝承』にはじまる一連の著作の中で身体知について体系化をしています。本章における実践知のとらえ方は，金子の身体知の体系を下敷きにしたものです。なぜなら，「教育」の成立には，子どもと関わるすべての人間の身体的コミュニケーションが基盤になるからです。

場の雰囲気を感じ取り，私を取り巻く情況との関わりから全身感覚によって感じ取られる「情態性」としての「気分」によって世界が開示されます。そして，この気分によって開示された世界では，「気配」が重要な役割を担います。

　生徒や保護者のわずかな気配でも感じ取ることのできる体感としての気分こそ，教師の教育活動の出発点となるのです。教師は周界から発信される「目に見えない情報」の気配を敏感に感じ取ることができなければなりません（第3章，図3-1参照）。

　例えば，体育実技の休憩時間，生徒同士が先ほどまでおこなっていたバスケットボールのゲーム運びや作戦について，同じチームの数名で集まって話をしているとしましょう。あのときのパスはどうだった，あのときのシュートはあの角度からだと難しいなど，ゲームを振り返りながら話は盛り上がっていたとします。しかし，その中に一人だけ微妙な表情を浮かべながら，皆の話を聞いてはいるがどこか上の空になっている生徒がいます。話が盛り上がっているあいだ，その生徒のことを他の生徒たちが気にする様子はなかったが，話が切れる瞬間になるとその生徒がやや上の空になっているのを気にする生徒もいる様子が見られたとします。この状態が続くと，上の空になっている生徒は他の生徒たちから「みんなが真剣にゲーム

18　ここでの「体感能力」は金子（2002）の身体知としての「体感能力」の考え方を下敷きにしています。金子は「体感能力」を，サルトルの意味での「全身感覚」によってとらえられる運動感覚システムの全体で感じ取れる運動能力としています。

19　谷（1998）によれば，フッサールは「原身体」について，「そこから，それぞれの身体が，その存在意味の一部を導き出す……」と述べているとしています。ここから谷は「それぞれの身体」という表現から，「私の身体」と「他者の身体」との区別を読み取り，「原身体」を私と他者の区別以前の身体としています。

の話をしているのに，一人だけ不真面目ではないか，空気が読めていない」という批判を受けかねません。生徒同士のこのような行き詰まった雰囲気を教師が感じ取って，すかさず「さあ，休憩時間だからトイレに行きたい人は行っておこう。それと水分補給も忘れずにね」と雰囲気に区切りをつける一言をいったとすると，硬直した雰囲気が崩れて，円滑に場面の切り替えがおこなわれ，上の空だった生徒は重苦しい場から解き放たれることになります。

　教師はいつも，生徒と生徒のあいだにあるものを見て，体感していることが求められます。そのうえで絶好のタイミングを得て指導を入れることで大きな教育効果を生むことができます。

　教育現場の雰囲気は活性化される場合もあれば妨害を受けて停滞する場合もあります。ベーメ (2006) はどのようにすれば気の休まる，歓待的な雰囲気になるのかといった問いには答えることはできないが，このような雰囲気のために欠かせないのは，そもそも人と人とのあいだのことがらそのものに注意を向けるような「姿勢」であり，そして控えめなコミュニケーションの態度，すなわち，自ら表出し行為しようとする意図から自分を連れ戻し，「育たなければならない当のもの」に寄与するよう自制する態度なのだといいます。つまり，教師は，体感能力という能力により「静かに」あるいは「潜勢的」に生徒を感知し，生徒と共感し，共に生徒の歩む道を切り開くことが求められます。では，この道はどのようにしたら切り開かれるのでしょうか。

　② **生徒観察能力**　　この能力は教師が感性的共鳴によって，生徒あるいは保護者の情況の意味構造を読むことができるという現象学的解釈学を基底に据えた実践的指導力です。ここでは「見る」あるいは「見抜く」という能力に裏づけられた解釈能力が問題になり

ます。

　この場合の見抜かれるべき意味は，生徒の「対私的意味」[20] と生徒を囲む他者によって構成される「情況的意味」[21] がつねに関係づけられて把握されなければなりません。実践知によって観察対象となる生徒の情況が生き生きとした体感能力を基底として見抜かれなければならないということです。このような観察能力を駆使することによってはじめて，教師は生徒の抱える問題を発見し，指導課題として位置づけることができます。生徒の「何を」問題として措定するか，つまり設定されるべき課題はいったい何なのかということが，生徒指導の成否を決定する第一の鍵となります。生徒指導能力の高い教師の「目のつけどころ」が指摘されるのはこのような意味においてでしょう。このような問題あるいは課題の正確な把握のためには，生徒の生活史や家族環境なども考慮して観察がおこなわれなければならないことはいうまでもありません。ここでは，生徒を取り巻くパトスが大きな影響を与えることになります。

　人間関係とはパトスの関係です。学校という場所では，さまざまな人々がさまざまな活動を通して関わり合っています。生徒，教師，保護者，カウンセラー，地域の人々など，これらの人々はまさに学校という場所で「交わる」のです。ヴァイツゼカー (2010) によれば，人々は普段，表面的，因果的，個別的，原子論的に対人関係 (交わり) を考えており，「この関係」が存在的な事態ではなく，パトス的な「ゆらぎ」なのだということを完全に見逃しているということです。

─────────────

20　ここでの「対私的意味」とは，その行動の生徒自身にとっての現象学的な
　　意味内容を指しています。
21　「情況的意味」は，生徒を取り囲むさまざまな情況の現象学的な意味内容を
　　指しています。

第4章でも述べたように,「私がなにかをしようと思う (will) の
は,それが現在はない (nicht ist) からである。もし現在すでにそう
なっているのなら,それをしようとは思わない。あるいはそういう
意志をもつことなどまったくできない。私がなにかをできる (kann)
のは,それがやはり可能性としてはあっても現実性としてあるので
ないからである。さらに,私がなにかをしてよい (darf) のはそれが
許されているからだし,私がなにかすべき (soll) なのはそれが命じ
られているからだし,私がなにかをする必要がある (muß) のはそ
れが不可避だからである」(ヴァイツゼッカー 2000 : 250–251) というこ
とです。

　パトス的なあり方とは,実のところ,現にあらぬものとの「交わ
り」方の一つに過ぎなくて,臨床,実践の場面でこのパトス的なる
もの,パトスカテゴリーが重要なのは,「それで正しいこと,真の
ことが捉えられるという点にあるのではなく,結果的に役に立つと
いう点にある」ということです (ヴァイツゼカー 2010 : 86)。すなわち,
正しいとか真であるとかの必要はなく,結果的に役立つものだと知
りうる人のみがパトスカテゴリーを利用できます。つまり,このパ
トスを見抜くことができる生徒観察能力をもっている教師のみが生
徒を見ることが「できる」のです。

　例えば,朝になるとお腹が痛くなりトイレから出ることができず,
遅刻や欠席を繰り返している生徒がいたとしましょう[22]。この生徒

---

[22]　このような症状を示す場合,心身症の一つである過敏性腸症候群といわれ
　る病気である可能性があります。過敏性腸症候群は,機能的な腸の病気で,
　下痢や便秘,腹痛などの症状が繰り返しあらわれます。思春期では発症の頻
　度が高く,遺伝的体質のほか,過去や現在のストレス体験などが悪化要因に
　なります。田中 (2014) 参照。

は決まって登校する前日の夜は，持ち物や翌日の学校でのスケジュールを十分に確認し，準備したうえで就寝するなど，普段からとても真面目で几帳面な生徒です。しかし，特に小テストがおこなわれることになっている日，授業の中で自らが発表をしなければならない日，定期試験の日などの朝は特に腹痛がひどくなり，なかなか登校することができないという状態であったとします。この生徒の遅刻や欠席の状況から，この生徒が「登校してしっかりやらなければならない」と思い，「テストや発表のために十分な準備をしておくべきだ」と思い，「準備はしたけれど果たして完璧にできるだろうか」と思い，「できるなら登校してしっかりやりたい」と考え，しかし「しっかりできないかもしれない」と不安と恐怖に見舞われ，「でもこんなことに負けてはならない」と思えば思うほど身動きが取れなくなり，膨張した不安が身体に異常をもたらすという具合だと考えられます。

　現象として起きているのは「腹痛」であっても，状況の中でそれは単なる腹痛以上のものである可能性があります。生徒の中で入り混じる複雑なパトスを読み切ることで，適切な生徒指導の方向性が見えてくるのです。

　この生徒の場合，「事前に電話などで本人のおこなうべき課題についての確認をする」または「事前にテストの位置づけについて解説する」（例えばそのテストで思うような点数が取れなかったとしても挽回の機会があるなど）という指導をおこなうことで，事前に抱え過ぎてしまう不安の解消や軽減に寄与することができます。前の日の夜の緊張を和らげ，翌朝の不安をできる限り小さくすることが，この生徒の課題であることを見定めることができれば，この生徒が腹痛を訴えずに登校できる可能性が高まるでしょう。

学校という場所も病院や診療所と同様に，パトスに満ちあふれています。学校に行きたいのに行くことができない生徒，何とか学校に来られるようにしたい教師，何とか学校に行かせたい保護者，学校に行きたいけど行くことができずそのことをすまないと思う生徒，何とか生徒を助けたいカウンセラーや養護教諭など人間の情念が絡み合いさまざまな出来事が起こります。教育現場の教師は，この目には見えない情念に付き添い関わらねばなりません。教師は目に見える現象の背景に沈んでいるパトスの在処を観察することができなければならないのです（第4章参照）。

③ **生徒交信能力**　　生徒観察能力の発揮のためには，いかにして生徒と交信できるかということが問題とならざるを得ません。「生徒の立場に立って」，「生徒の身になって」というが，これは生徒情況に共鳴できる能力があってはじめて成立することです。これは短絡的な情緒的能力ととらえてはならず，生徒に対する冷静なまなざしによってはじめて成立する能力であり，パトス的な相互理解を生み出すための主観身体による情報交換能力であると考えられます。

この生徒交信能力における共鳴能力[23] を検討するために，はじめにいかにして生徒という他者の経験が，教師にとっての主観的な直接経験となりうるのかという点について，精神医学者の木村敏の議論を下敷きにして確認しておきましょう。

教師が生徒との「交わり」の中で起こる経験は，精神科医と患者のそれと同様に，二人情況でのみ得られるものであって，教師が自

23　ここでの「共鳴能力」は金子（2002）の身体知としての「共鳴能力」を下敷きにしています。ここでは，教師と生徒，あるいは保護者などとの相互理解のための有体的な情報交換を生み出すための現象学的身体能力のことです。

分一人で内省することによって得られるものではありません。この二人情況での経験は，私たちの日常生活を見てもわかるように誰と関わるか相手次第で，あるいは相手との気分的な，雰囲気的な関係次第で大きく変化します。この変化はいうまでもなく相互的です。つまり，木村（2005b）が述べているように，主観と主観のあいだに間主観性が成立するのではなくて，むしろ間主観性の方が個々の主観を主観として成立させるのです。これは要するに，私たちの自己の根底において自己と他者それぞれの主観が通底していることを示しています。私たちが自己の主観と呼んでいるものの根底に，他者たちとの個体としての「あいだ」以前に通底する場所があるということです（第1章，図1-3参照）。この場所において，生徒の主観的世界が教師にとっても主観的な世界の直接的経験として与えられることになります。この事実こそ，私たちが検討している教育実践の現象学的分析の成立を根拠づけることになります。この生徒交信能力としての共鳴能力は，前述した生徒体感能力が基底となっていることを忘れてはなりません。

例えば，生徒との教育相談の場面で，その生徒が本当は何を考えているのか，何を不安に思っているのか，どうしたいのかを聞き出したいとします。もちろん，教師の質問に明快に答える生徒もいますが，本音をなかなか話さない生徒もいます。

本人が抱える家庭の状況や人間関係のあり方や本人の気持ちは言葉にならないことがほとんどです。たとえ生徒がそれらを言葉にしたとしても，真実と裏腹な場合さえあり，言葉にしたことをそのまま教師の側が鵜呑みにすることはできません。

生徒と対峙するとき，生徒と言葉を交わすとき，教師である私と生徒との「あいだ」には日頃のやり取りなどから形成された信頼の

度合い，関係のありようが投影され，独特の感じが生まれます。ま
さにそこにしかない関係のあり方が存在してくるのです。まずは
「あいだ」にある雰囲気をとらえ，どのように問いかければ本人が
気持ちを表現しやすいのかを考えます。さらには，生徒の表情や目
の動きやしぐさの中に本人の真意を見つけていくようにします。生
徒が教師を見る姿勢や志向性の中に，生徒自身が表現できないでい
る何かを感じ取るようにしていきます。緘黙傾向にある生徒と対峙
するとき，または自閉症傾向が見られ言葉でのコミュニケーション
が困難な生徒と向き合うときには，この交信能力によって生徒の真
の姿に迫っていくことが求められます。生徒の気持ちを読み取るこ
とができたとき，対峙する生徒の側にも変化が見られるようになり
ます。教師側の問いかけに対して「うん」と頷いたり，「違う」と首
を振ったりするしぐさの中に，生徒側が教師に読み取ってほしいこ
とを込めようとする意志が感じられるようになります。まさに生徒
と教師とのあいだに交信可能な「あいだ」が成立することになるの
です。

　さらに，この共鳴能力は教師の生徒情況の「先行理解能力」[24] に
よってその能力発揮は異ならざるを得ません。生徒に対する共鳴は，
生徒行動の特徴を先取り的にとらえることによって強化されます。

　また，ここでは生徒の情況を生徒との会話の中で聞き出す「借問
能力」[25] も重要となります。すぐれた教師は生徒の言葉にはできな
い情況をぽつりぽつりと生徒から紡ぎ出す能力を備えています。こ

24　生徒理解のためには，その生徒の特徴を示すプロフィールをとらえておく
　必要があります。生徒の今後の活動をそれまでの「生活史」（その生徒のそれ
　までの歩み）に照らし合わせながら先行的に考えられる能力が必要となりま
　す。

こで注意しなければならないのは，借問能力を生徒の言葉にできないことを「聞き出す」能力と理解してはならないということです。言葉にできないことは，基本的にどうしても言葉にはできないということです。言葉にならない「言葉」に耳を傾け，その中で発揮される借問能力こそが本来的借問能力です。

　このような意味での生徒との交信が，学校教育における人間形成に対して決定的な意味をもちます。生徒と教師の生き生きとしたコミュニケーションとは，このようなパトス的・感性的関係系を軸におこなわれなければなりません。

　④　**生徒行動代行能力**　　ここで意味される代行能力[26]とは，生徒の学びを助けるために教師が自身の世界の中で生徒の代わりに生徒の学びを構成化する能力を意味しています。いつ，どのようなタイミングで生徒を指導するかは，この生徒行動代行能力によって生徒行動を読み切ることではじめて成立します。ここでは，前述した共鳴能力が基底となっています。生徒の世界に「住み込み」，生徒

25　生徒理解のためには，生徒とのさまざまな形式でのコミュニケーションが必要となります。ここでは金子（2002）にならって，このようなコミュニケーション能力を「借問能力」としました。

26　金子（2005）の「代行」という概念は，フッサールの意味での代行的統握や代行的変化に由来します。フッサール（2013）は，「他者は私の知覚に相応する現在の顕在的な空間野において経験されている。他者がそもそもそのようにして私に対して現に存在しているとき，その人は人格的な生の人格として共現前してもいるのだ。そうはいってもこの共現前は，表面的に見ただけでは，とりわけ他者が私にとって関心のないものとして背景にとどまるさいには，完全な不明瞭さ，不明晰さのうちで，完全に非活動的にとどまっていることもありうる。共現前それ自身が活性化され，関心をもった能動性において作動する場合，その共現前は，そのことなる人格を引きうけ，そのことなる人格の中へ入りこむことで，成立する。……私は『いわば』ともに生きるのである」と述べています。

のそれからの行動の気配を感じ取り生徒がつまずくであろうことを見抜き，生徒指導をおこなうことが重要です。この生徒行動を代行する能力はリスクマネジメントの観点からも重要であると思います。つまり，「ことが起こってから」では遅いということです。よって，日常からどれだけ生徒の行動を把握しておくかが重要な鍵となります。そのためには，生徒行動を読み切るための代行能力が不可欠となります。

　例えば，不登校傾向にある生徒が力を振り絞って登校した後に大きな疲労感を感じていたとします。対人面，環境への適応面において神経を擦り減らした生徒の表情には，集団の中で時間を過ごすことができた充実感と共に大きな疲れが訪れます。相反する感覚の中で，「明日も絶対に学校に行こう」という思いと，「明日の登校は難しいかもしれない」という思いが交錯することになります。このままの状態にしておけば，結局翌日学校に来ることはできません。

　実際に翌日登校するのかどうかは，実は翌日の朝の生徒本人の状態によるのではなく，前日の担任教師の一言によるところが大きいのです。例えば，こういう状態の生徒に対して，あらかじめ「今日一日よくがんばったね。疲れていると思うし，明日の朝は起きるのが少し辛いかもしれないよね。もし，辛いなと思ったら午後からゆっくり登校してみるのも方法だね。無理するのはよくないけど，続けていくことが大切だからね」と担任が声をかけたとします。この言葉を聞いた生徒本人は，「そうか。明日はきっと疲れていて学校に行くのが大変なのかもしれない。でも午後から登校するのでもいいと先生はいっていた。そんな中間的な方法もあるのだな。明日も学校に来られるかもしれないな」と，大きな負担感から解放されることになるでしょう。結果として気持ちが楽になって，よく寝る

ことができ，翌日の登校が可能となるというわけです。

この場合，教師はその生徒が身体的に，精神的に感じているであろうことを代行し，さらにはそれを予想して，負の部分も含めた予見を提示しています。生徒本人は自分自身のことでありながら，自分がどの程度疲れているのか，どのくらい不安を抱いているのかを知りません。そして，翌朝になってそれらがどんな状況に発展してしまうのかを想像できていないために，「得体のしれない不安」を必要以上に抱いてしまうことになります。不登校傾向にある生徒の世界に住み込み，その人がどのような課題を抱えてしまっているのかをあらかじめ，「代行」することによって予見し，それを本人に伝えて心の準備をさせることによって，大きなリスクを回避することができると考えられます。

⑤　**生徒指導処方能力**　　ここで取り上げる処方能力とは，教師が生徒を観察し，交信することによって構成した「学びのあり方」を生徒にうまく戻して，生徒が自立して歩んでいけるようにする実践的指導力を意味しています。

どれだけ考え抜かれた「学びのあり方」も，生徒が受けとめられなければ絵に描いた餅となってしまいます。したがって，実際の生徒指導に関わるこの段階は，教師の力量が明確になる場面であるといえます。教師は生徒に対して生徒が「歩むことができる道」をうまく移植しなければなりません[27]。したがって，まずその歩む道をどのように設定するかが重要となります。生徒行動代行能力を基底としてその歩む道を構成するのです。そして，次にその構成した歩

27　生徒が「歩むことができる道」を「歩むべき道」と理解してはなりません。生徒の多様な選択肢の中で教育的配慮をふまえて考えられた「道」を意味しています。

む道を生徒の拒絶反応を招くことなく移植するために，その歩む道をどのように生徒に対して提示するかが考えられなければなりません。生徒が怖がらずにその道を歩けるようにするためには，その道が確かなものであるということをうまく提示する必要があります。とりわけ，いじめや不登校などのいろいろな問題を抱えた生徒たちにはこの呈示能力が重要となります。そして，次に重要になるのは指導時機の問題です。第一には，構成した指導そのものをいつスタートさせるかという指導開始時機の問題です。この指導開始時機を読み切るためには，徹底した生徒情況の把握が必要となります。生徒情況を正確に把握することによって指導の開始時機は決定されます。もう一つはどのような指導をいつおこなうかといった，生徒の歩みを確実なものにしていくための指導時機を読み切る能力です。この2つの生徒指導のための能力は，生徒指導処方能力の発揮を確実なものとするために不可欠な能力と位置づけられます。

　例えば，いじめなどの経験から対人関係に恐れを抱いてしまい，自宅にひきこもってしまった生徒がいたとしましょう。学校など集団に対する恐怖が大きく，そこがいじめを受けた学校ではなくても，なかなか教室に入ることができないことがあります。その場合，「学校が安全な場所であり，先生も友人もあたたかい人ばかりなので安心して登校しよう」と言葉でいったところで，本人の抱いている恐怖が収まることはないし，ましてや教室に入れるようにはなりません。

　学校やクラス，集団に対する恐れを緩和するためにはスモールステップを踏むことを通して，集団に「なじむ」過程が必要となります。集団復帰のためのプログラムです。その生徒が，何を感じて何を得れば不安から解放されるのかを，生徒の置かれた心理的・環境

的な情況に鑑みながら指導を進めていくことが求められます。

　その場合，実現可能性を推察することが重要です。生徒本人がどのような道のりを踏むことが可能であり，その道のりの中で何を得ることができるのかを現実的に考え，方略を練ることになります。そして次に，それに関わる教職員と役割分担，さらに生徒集団のあり方を考えます。どんな人がどんな場面でどのような関わりをしていくのかをあらかじめ計画しなければ，ただ「運」に任せるようになり，それでは学校教育における生徒指導ということになりません。確実に集団になじみ，その状態が本人の意志によって継続することができない限り，生徒の学校生活での成長を見込むことはできないでしょう。

　また，そのプログラムはいつから始動して，いつどんな状況の中で本人に伝え，本人が動き出せるようにするのかを熟慮したうえで学校での環境整備をおこなっておく必要があります。環境を整備したうえで，生徒自身が最も動き出しやすいタイミングを計り，「今」という時機を逃さずにとらえて実践することが求められるのです。

　⑥　**実践的即興能力**　　これまで見てきた実践的指導力を構成する能力は，それぞれが単独で存在するものではありません。前述したように，相互に絡み合いの構造をもつ，相互隠蔽の原理に支配された能力であると考えられます。したがって，実際の現場ではそれぞれの能力が単独で発揮されるということはあり得ません。それぞれが統合されて即興的に発揮されるのです。したがって，実践的指導力の体系の最後に実践的即興能力について検討しておかねばなりません。

　教師は実際の現場においては，生徒の情況を的確に感じ取り，行為の中で省察しながら指導を実践しています。そこでは生徒のさま

ざまな情況を要素的に取り出して，それぞれの因果関係を同定し，生徒指導が決断されているわけではありません。まさに教師は「感じながら行為し，行為しながら感じている」のです。つまり，「考えること」と「行為すること」が一体となった反省的実践がそこでは展開されています[28]。しかし，これまで見てきたような教師の実践的な諸能力は，このような実践的即興能力として統合された姿で私たちの前にあらわれるため，その内実を考察されることが少なかったように思います。この即興の能力性についても職人的な秘密のベールに覆われ，それらは教師になってから現場で学ぶものと位置づけられてきました。教育の実践において，教師が具体的な個々の問題に直面するとき，考慮に入れるべき要因はあまりにも多く，また，それらの要因は不確かであって，ゆっくりと考えているだけの時間を与えてはくれません。したがって，教師は無数の選択肢がある中で，そのときどきに際して「決断」をしていかねばなりません。このような場合に教師は，問題を単純化してとらえようとする誘惑に駆られます。しかし，一方で実践は，中村雄二郎がその著『臨床の知とは何か』で指摘しているように，すぐれて場所的・時間的なものであるのです。したがって，まったく自由に決断がなされるのではなくて，社会や地域のような具体的な意味場の中で，それらの限定を受けつつ，現実との接点を選び，現実を拓いているといえるでしょう。

　教育現場は実践知で織り上げられた世界であるといえます。それは，実体化された知識とは異なり，生きている人間同士が関わり合う中で意味と価値により創造されているととらえられるからです。

28　ショーン（2001）は，『専門家の知恵』の中で「行為の中の省察」について述べ，「反省的実践家」のおこなう「状況との対話」について言及しています。

そのような世界を読み解くために，実践知はまさに身体能力として理解する必要があるのです。

　感知，共感，代行の能力を基底に据えた①生徒体感能力・②生徒観察能力・③生徒交信能力・④生徒行動代行能力・⑤生徒指導処方能力の5つの能力に構造化され（図9-1），⑥実践的即興能力として

【図9-1】身体能力としての生徒指導力の構造

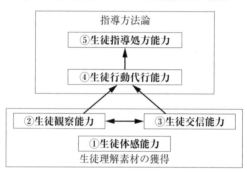

【図9-2】実践的指導力（身体能力）と生徒指導の関係

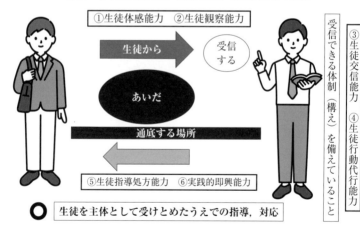

現場において用いられていると考えることができます（図9-2）。

(2) 地域と学校が教師を育てる

実践知の養成の重要性

　教師の資質能力の向上，実践的指導力の養成については，多くの議論が交わされてきました。

　中央教育審議会（2021）「『令和の日本型学校教育』の構築を目指して―全ての子供たちの可能性を引き出す，個別最適な学びと，協働的な学びの実現―（答申）」においても，2020年代を通じて実現すべき「令和の日本型学校教育」の姿の中で教師のあるべき姿を，「教師が技術の発達や新たなニーズなど学校教育を取り巻く環境の変化を前向きに受け止め，教職生涯を通じて探究心を持ちつつ自律的かつ継続的に新しい知識・技能を学び続け，子供一人一人の学びを最大限に引き出す教師としての役割を果たしている。その際，子供の主体的な学びを支援する伴走者としての能力も備えている」と表現しています。

　以上のことを実現するという意味においても，教師という仕事はショーン（2001）がいう意味における専門職であり，「誰にでもできる仕事」ではありません。つまり，教師はその職務遂行のために，専門職としての資質能力を備え，現場のあらゆる問題解決をおこなう実践的指導力を備えていなければならないということになります。教師の実践的指導力が具体的にどのような力のことを指すのかについては，多くの研究者が検討を重ねてきました。

　例えば教師教育の研究者である油布（2013）は，実践的指導力はある特定の場で活動する際の，多くは無意識のうちに獲得され，その活動を支える知識や技能，すなわち暗黙知に近似するものとして

位置づけられるとしました。

　また，佐藤（2015）は，「実践的知識」とは教師の「実践において機能している知識」（knowledge in practice）を意味しており，個人的，状況的，経験的，多義的で，折衷的という特徴を有し，カンやコツのように言語化や概念化が困難な知識であり，無意識に機能させている暗黙知を含むものであるといいます。

　前述の通り，教育現場は実践知で織り上げられた世界であり，実体化された知識とは異なり，生きている人間同士が関わり合う中で意味と価値により創造されているとしたうえで，そのような世界を読み解くために，実践知はまさに身体能力として理解する必要があります。

　教師の現場での教育活動に必要とされる知は大学での教育活動の中で学ぶ理論知とは異なるものです。実践知は言葉によって説明し，伝えるのが困難な知です。理論と実践の往還の重要性が指摘され，教職課程における実践知や実践的指導力の養成が期待されながらも，大学が学生に対して学びの機会を十分に提供できているとはいえません。教職を志望し採用試験に合格して教師となっても，さまざまな問題や課題にうまく対応することができず，困惑し，疲弊する教職員は少なくありません。現行の大学における教師教育と現場での教育実践のあいだには大きな溝が存在することも事実でしょう。このような状況にあって，大学外における教職志望学生の体験学習は，今後の教師教育における重要な課題として位置づけられます。

地域・学校と大学の連携における課題

　佐藤（2006）は，今日の教師教育の最大の危機は，教師教育の将来に関してグランド・デザインが描かれていないことであると指摘し，教職の専門職化・高度化を進める方策について言及していますが，

その一つとして都道府県・市町村の教育委員会と大学の連携の重要性を提示しています。

　教師教育を考えることは，すなわち未来の教育そのものを考えることと同義です。教育実践をおこなう教師がいなければ理想的な教育を展開することはできません。地域社会の中にうまく融合し，地域社会の活性化につながるような学校教育を実現するためにも，地域と大学が協力して，その担い手となる教師を育てていくという視点が必要となります。

　ここで，大学と地域の連携のあり方について整理しておきたいと思います。須田 (2013) は，大学がおこなう地域連携には，①大学が主体的に行なう地域連携，②学校や地域住民からの大学に対する要請に対して大学が応えるような連携，③大学が学生を教育するための場の提供を地域に要請するタイプの連携のおおよそ3つのタイプがあるとしています。

　地域連携を進めることは，地域，学校，大学，学生のそれぞれにとってメリットがあるというイメージはあるものの，具体的な連携のあり方によってあらわれる結果，学生の学びには違いが出てくると考えられます。以上の須田の連携タイプを参考にして，実際の連携のあり方と課題について検討したいと思います。

　表9-1に，須田の示した地域連携タイプを参考にして，①〜③のそれぞれのタイプの連携によって得られる可能性についてまとめました。

　まず，「タイプ①」の連携においては，大学は主体的に連携を構築するため期待する結果を得られますが，地域は大学の進める地域連携に追随するかたちになるため，継続性に疑問が生じます。大学が主体的に進めていくことで，地域のニーズとのズレが生じ，地域

【表 9-1】地域連携のタイプ別に見た連携結果の可能性

地域連携のタイプ	地域	大学	学生の学び
タイプ①：大学が主体的におこなう地域連携	大学が主体的に進めるため，場合によっては地域のニーズに合わないことがある。	大学が主体的に内容を考えるため，大学が期待する連携のかたちを維持しやすい。	理念的な事業の場合もあり，学びの機会が確保できるかはケースによる。
タイプ②：学校や地域住民からの大学に対する要請に対して大学が応えるような連携	学校や地域住民からのニーズが前提となるため，ニーズに合致しやすい。	大学は要請に応えるかたちになるため，大学の目指す地域連携や教育的意図と必ずしも一致しない。	学生の学びの内容・質の確保は困難になり，単なる労働力として利用される可能性もある。
タイプ③：大学が学生を教育するための場の提供を地域に要請するタイプの連携	大学の教育プログラムに協力するかたちになるため，受け入れる側の地域や学校の負担感が増す場合がある。	大学は学生の教育効果を期待することができる。	学生の学びの機会を確保することができる。

出所）土屋弥生（2022e）「教職志望学生の効果的な現場体験学習のあり方について―地域・学校・大学の連携の重要性―」『大学地域連携学研究』第 1 号。

が連携の必要性を感じなくなってしまう可能性も考えられます。

　次に，「タイプ②」の連携においては，学校や地域住民からの大学に対する要請に対して大学が応えるような連携であるため，地域・学校のニーズが前提となっています。そのため，大学側の目指す地域連携や教育的意図と必ずしも一致しない可能性があります。例えば学生ボランティアの要請など，現場の人出不足解消のためということが連携の第一の目的となると，学生の学びの内容，質の確保においては疑問が生じます。

　最後に「タイプ③」の連携の場合，大学の教育プログラムに協力するかたちになるため，大学側としては学生の学びの機会を確保す

ることができますが，受け入れる側の地域や学校の負担感が増す場合があります。受け入れる側の理解がなければ，連携自体が成り立ちません。

大学地域連携の必要性をそれぞれに認識しつつも，具体的な連携のかたちや進め方によっては，それぞれにとって有益とはいいがたいものになります。地域連携が質的にも充実したものとして，継続的におこなわれるようにするためには，そこに潜む課題を具体的に取り上げ，共有し，相互理解を深める必要があります。

教師教育における体験学習の重要性

これまで述べたように，大学での理論的な学びは教職志望者の基礎となりますが，教育実践の場での教師に必要となる実践知の学びは教師教育において不可欠であるといえます。

教師の専門的能力は，大学における準備教育（pre-service education）と学校現場における現職教育（in-service education），そして準備教育と現職教育を接続する導入教育（induction）において開発されます（佐藤 2015）。大学における養成教育の段階においては，準備教育段階の現場経験の不足を補い，現場で専門家としての教師として活躍するためのステップとして，学校でのボランティアやインターンシップなどの体験学習をおこなうことの重要性が見えてきます。

教職課程の最後に位置づけられている「教職実践演習」は準備教育と現職教育を接続させるために設けられた教職必修の科目です。この科目は「教育実習」を実施した学生が履修できることになっており，教育実習の振り返りがおこなわれ，現場に出た際の実践力を養成するために演習形式で学びます。筆者の授業の様子を振り返ってみると，この科目内で実施する教育現場のロールプレイング（学生自身が教師役となって生徒指導場面，保護者対応場面を想定して，具体的に

やり取りをおこなってみるなど）では，教育実習では経験していない具体的な指導・対応場面を主体的に演じることを通して，学生たちははじめて授業などの教科指導とは異なる，教師の仕事の側面を実感しているようです。この体験により教育実習以外の現場での体験学習をおこなった経験がない学生は，春から実際に教師として仕事をしていく立場の自分自身に不足していることがいかに多いかを痛感する様子が見られます。学生たちは教職課程の学びにおいて，現代の教育問題について学び考え，教育に関する法令や制度についての知識を積み重ねる中で，いつの間にか自分自身が教育の専門家になったような気分になるのかもしれません。しかし，ロールプレイングなどを通して，教育現場のリアリティや雰囲気の中に放り込まれたときに，ふと自分自身の不足に恐怖を覚えるのではないでしょうか。

　愛知教育大学 (2016) の調査において，「大学生・短期大学生のときにあなたが経験したことの中で，現在の教員生活において役立っていると感じること」という質問に対して，教育実習・教職実践演習のほか，ボランティア・インターンシップでの学校現場経験をあげた教師が多く見られました。現場の教師自身も，教職志望学生のときの体験学習の重要性を自覚しているようです。このようなことからもリアリティのある体験学習の重要性は首肯されるでしょう。

　この体験学習について，教師教育学の研究者コルトハーヘン (Korthagen, F. A. J., 2010) は，教職志望者の現実に対するショックを減らすことを目標とするリアリスティック・アプローチを基盤とした教師教育プログラムを提唱し，ALACT モデルを示しました。ALACT モデルは①行為（Action），②行為の振り返り（Looking back on the action），③本質的な諸相への気づき（Awareness of essential aspects），④行為の選択肢の拡大 (Creating alternative methods of action)，⑤試み (Trial) という省察のプロセスから構成されており，教職志望者は自らの経験について，このプロセスを用いた省察によって体験学習を積極的な学びにつなげられるとされています。コルトハーヘンは，教職志望者が大学の内部での学習（おもに学問知）から得られることはほんの一部であるとし，現場における体験学習を教師教育のプログラムに組み入れることの重要性を指摘し，ALACT モデルの導入によって理想的な現場の循環的学びが可能となるとしています（図9-3）。

また，現象学的な立場から教育実践について考察し，教育現場において児童生徒を理解する際の豊かさと深さが，フッサール現象学

【図9-3】コルトハーヘン（2010）の ALACT モデル

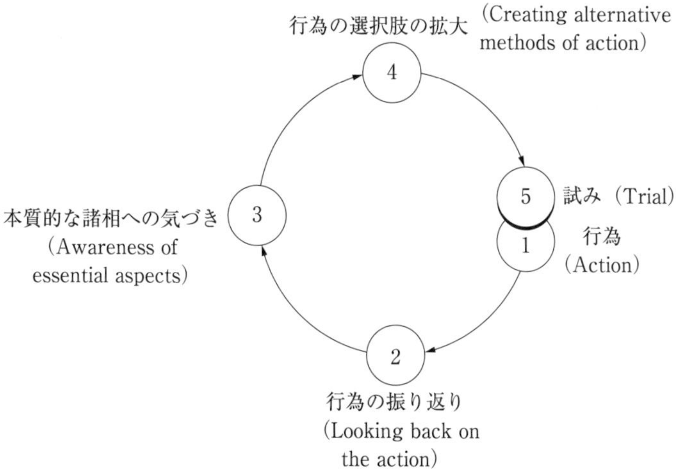

行為の選択肢の拡大 (Creating alternative methods of action)

本質的な諸相への気づき (Awareness of essential aspects)

試み（Trial）
行為（Action）

行為の振り返り (Looking back on the action)

出所）コルトハーヘン，F. ／武田信子監訳，今泉友里・鈴木悠太・山辺恵理子訳(2010)『教師教育学─理論と実践をつなぐリアリスティック・アプローチ─』学文社。

の「直接経験」における「我汝連関」が基盤となり,「本質直観」の方法によって解明されることは第1章で述べました。したがって,教育現場で児童生徒理解をおこなうためには,客観的な,モノ化された情報だけを手がかりにするのではなく,自らの身体を通しておこなう必要があることがわかります。つまり,我汝連関における間主観的な身体性能力,とりわけ感知・共感能力の重要性があらためて前景に立ちあらわれます。この感知・共感能力によって教師は児童生徒を理解するための入り口に立つことになります。つまり,現象学的な児童生徒理解とは現象学的身体による理解と換言できるでしょう。すなわち,現場での体験学習は児童生徒理解ということについて身体を通して学ぶことができる希少な機会であるといえます。

　例えば,教育現場で緘黙傾向の児童生徒と対峙した場合,「緘黙とはどのような症状なのか」,「緘黙傾向の児童生徒は全体のどのくらいの割合か」というような「緘黙」についての客観的な情報を収集し,知識を重ねたとしても,目の前にいる「緘黙傾向の児童生徒」その人とコミュニケーションが取れるようにはなれません。客観的な知識や情報は児童生徒理解の一助になるものの,コミュニケーションを成立させるためには,土屋（2020）の意味での現象学的身体による間身体的な理解を基盤とした関係の成立が不可欠となります。そして,このような身体を通した学びは,教育現場での意識的な体験学習によってしか得ることができません。

現状における体験学習の問題点，課題

　体験学習の重要性については確認しましたが,実際におこなわれている体験学習は学生の学びとして実践知を身につけ,実践的指導力を養成する機会になっているのでしょうか。油布（2013）は,実践的指導力の養成の現場主義への傾斜とその弊害について指摘し,強

固な現場主義のもとでは，根強く存在する現場のやり方の中に学生が回収されかねず，新たな視点での改善・解決が難しくなる可能性が高いとしています。

　阪根 (2006) は，香川県教育委員会と連携して実施している学生ボランティア派遣事業について，全県の小・中学校 (39校) を対象とした調査結果を分析していますが，この調査において，「学校が学生ボランティアを活用する理由 (複数回答可)」という問いに対して，33校が「教員の人数不足による支援の必要性」，18校が「配慮すべき子どもに付いてもらう」と回答しています。教育現場の多忙化と特別な配慮を必要とする児童生徒の指導の困難という背景において，回答は学校の正直なニーズを示していますが，このような状況下でおこなわれる教職志望学生の体験学習は，本当に意義のあるものなのかは疑問が残ります。残念ながら，地域や学校のニーズによって集められる学生ボランティアは，人手不足を補う目的であることが多いように思います。おそらくは多くの教育委員会がこのようなニーズからボランティア募集をおこなっていることは否めません。それでも「先輩の背中を見て学べ」といわれた時代もありました。多忙な現場は手取り足取り，ボランティアの学生に指示や指導をおこなう余裕はないという意見もあります。しかし，この状況は放置してよいものではないと考えます。

　現場に長時間身を置けば，教師に必要な実践的指導力が身についていくというようなことではありません。よって，現場での体験学習では，「何を目的に」，「何を学び」，「何を身につける」のかを学習者自身が意識的に考え，体験の中から何を学び取るのかを一つひとつ検証するという営みを必要とします。学習者である学生自身がそのことを考えるにとどまらず，大学での事前学習・事後学習，およ

び現場の指導者の助言・指導を受けて，学習者自身が自らの学びを振り返り，省察し，その後の実践に生かすというコルトハーヘンのALACT モデルに見られる学びが必要となります。よって，実践的指導力の養成につながるような体験学習を実施するためには，指導者，メンターの存在が不可欠となると考えられます。

また，「配慮の必要な児童生徒」にボランティア学生がついているとしても，学生自身にその児童生徒の理解が乏しく，基本的な知識や対応に必要なことがらがわかっていない場合，その児童生徒にとって負の影響がないとは言い切れません。いわゆる「素人」がただついているだけで，その児童生徒への教育効果が見込めるようには思えません。

ここで，教職志望学生の体験学習の実施における，地域・学校と大学の連携の関係について考察するため，表9-2 に「大学生の体験学習の受け入れの際のニーズと特徴・影響」としてまとめました。

「①大学のニーズを重視」した体験学習の受け入れの場合，大学教育の一環として学校が協力を余儀なくされる関係性が成立しやすいと考えられます。例えば教育実習の受け入れなどは，ここに分類

【表9-2】大学生の体験学習の受け入れの際のニーズと特徴・影響

体験学習のあり方	特徴	負の影響
①大学のニーズを重視	学生の指導などで学校の負担が大きい。	受け入れ校の教師の多忙化が懸念される。
②地域（おもに教育委員会）のニーズを重視	学校のニーズ，学生の学びとズレが生じる可能性がある。	しくみが先行し，現場のためにも学生自身のためにもならない可能性がある。
③学校のニーズを重視	学生の学びへの貢献は低い。児童生徒の成長に寄与しない可能性がある。	目の前の労働力不足に対する補充のみとなり，教育活動の質的向上にはつながらない。

されます。学校現場には逃れられない義務感が募りやすく，多忙な現場をさらに多忙化させるという負の影響が考えられます。実際，愛知教育大学の調査 (2016) の中の，国が進めている教育改革の取り組みについての意見調査では，教員養成期のインターンシップについて，中学校教員の3割以上，高校教員の約4割が「反対」と回答しています。反対の理由は明記されていませんが，現場の教師たちの「インターンシップ学生の指導や受け入れについての拒否感」，「学生の受け入れによる多忙化への懸念」も背景にあるのではないかと思われます。

「②地域 (おもに教育委員会) のニーズを重視」した場合，各学校のニーズ，学生の学びのニーズとズレが生じる可能性があります。教育委員会主導でボランティアやインターンシップのしくみが構築されてしまうことで，ミスマッチが生じ，現場のためにも学生自身のためにもならない可能性があります。

「③学校のニーズを重視」した場合，目の前の労働力不足に対する補充が主眼となり，この場合学生の学びへの貢献は低くなります。そして，単なる労働力として参入させてしまうことによって，結果的には児童生徒のためにもならず，教育の質的な向上は期待できなくなります。

ボランティア・インターンシップ経験がある教職志望学生たちの中には，学校からの説明がほとんどない状態で特定の児童生徒を見ているように指示されたり，自分自身の知識と経験が不足している状態で発達障害の児童生徒についているようにいわれて不安を感じたりした経験をもつ者も見受けられます。これらの学生は，教育現場で有意義な経験が積めると期待して体験学習に参加したのにもかかわらず，ほとんど指導や助言のないところで放置されたことで，

自分たちが単なる労働力として動員されたと感じ，学校や教師への不信感を募らせるケースも見られます。

　一方では，教員としての就職に有利と考えて体験学習に参加する学生も見られます。面接や小論文に体験学習に参加したことを自己アピールでき，採用試験の際に体験学習に参加したということがプラスに作用することを期待して，積極的な学びの意欲をもって参加するというよりは消極的な意味で参加しておくといった学生です。このような期待をもつことが悪いわけではありませんが，体験学習の本来的な目的とは大きなズレがあり，このような学生が体験学習に臨めば，受け入れ校の教師や児童生徒に迷惑をかける可能性もあります。

　学生を送り出す大学，体験学習に臨む学生，体験学習を受け入れる学校・地域が，目的を共有し，互いの立場を尊重し，相互理解に努めることによって，体験学習が実り多きものになります。体験学習はただ実施するのではなく，どのように，どんな目的で，どのような効果を期待しておこなうのかを熟考したうえで，入念な準備を前提に実施されなければなりません。

地域・学校・大学の連携による教職志望学生の体験学習

　以上で確認したように，学校教育現場を担っていく教師を養成するにあたり，教職課程の理論的な学びにとどまらず，学校教育現場における体験学習（ボランティアやインターンシップ）は，教職を志望する大学生が，将来現場で活躍するための実践的指導力を身につけるために欠かせない，重要な学びの機会です。しかし，現行のボランティアやインターンシップについては，単に学校の労働力不足を補うものになっていたり，学生の学びが不十分であったり，学生が教職についての負のイメージを増幅させるなど，多くの課題が見ら

れるのも実情です。

　大学地域連携において最も重要なのは，相互理解と協働です。これまで述べたように，偏りのあるかたちで進められる連携事業はやがてデメリットが顕著になり，継続が難しくなります。地域，学校，大学のいずれかが犠牲になるかたちの連携は長続きしません。

　つまり，私たちが目指すべきは「持続可能な大学地域連携」ということになります。連携に関わるそれぞれの立場から具体的な連携事業についてのメリットとデメリットを考え，事業の目的の共有を図り，相互にメリットが保持できる内容や進め方を事前に十分に協議する必要があります。

　つまり，そこに携わるすべての人々が事業について納得し，遂行に責任をもつことが求められます。教育現場には教師，児童生徒，保護者，地域の人々がおり，その中でおこなわれる学生の体験学習もまた教育活動の一環としての責任と役割を担うことになります。参加する学生の知識の充実，意識の向上を図ることは大学の努めです。

　さらに，学生を受け入れる地域や学校もまた，学生の体験学習を教育活動の中に組み込み，学生たちの活動を「取ってつけたような，にわかの労働力」にしてしまわないよう留意することが求められます。体験学習を義務として受け入れるのではなく，教育活動の展開の中に取り込んで活用するという意識の転換が必要となります。その際，体験学習に参加する学生への事前・事後の説明および指導をおこなうことは不可欠であり，それをおこなうことは，受け入れる現場の負担はあるものの，学校全体としての教育効果を生み出すことにつながるのではないでしょうか。

　教職志望学生の体験学習においては，連携事業コンテンツの企画

の段階から相互に乗り入れをおこない，どこかが主体となるのではなく，連携事業を通して地域全体が活性化するには何が必要なのかを，日々の関わりの中で共に考えていけるような信頼関係と継続的な協議の場を構築することが重要であり，打ち上げ花火のような単発的な連携にならないように努める必要があると考えます。

　未来の教師を育てることは，未来の社会を担う子どもたちを育むことにつながります。にわかに教師の数だけを確保するなどの施策は，未来を創造する観点から看過できません。教師を目指す人たちも，教師を育てる人たちも，原点に戻り，教育活動の意義を深く考えることが求められます。そして，本書で述べてきた「子ども理解」の確実な力をもった教師を育てることを地域や学校は真剣に考えていく必要があるのです。

あ と が き

　私が勤務している日本大学文理学部では，教職を志望する学生が多く学んでいます。教職という仕事の基盤となるのが，児童生徒理解です。日本大学文理学部教職センター主催で年に数回実施されている「教育実践力研究会」では，教職を志望する学生と実際に学校教育現場で活躍している教師（多くが文理学部の卒業生）が，大学での最新の研究知見に触れ，児童生徒理解について共に議論し，学校教育現場で実践できる指導の方法について学んでいます。

　私たちには，理論知と共に実践知が必要です。実践知とは，大変だけれども日々人間と向き合い，ときにはうまくいかずに心を痛め，それでもまた人間と向き合う中で育まれる知です。自分自身が置かれた環境の中で，状況との対話を繰り返し，反省的に自分自身の行為を振り返り，それをまた次の実践に生かすということを，時間と手間を惜しまずにおこなう人だけが到達できるのが実践知です。

　本書は，こうした実践の中で真剣に子どもと向き合う，教師，教師を目指す人たち，保護者が，子どものことを理解し，その成長を支えていくための実践知を獲得するために書かれたものです。

　古代ギリシャの哲学者ソクラテスは，「無知の知」の重要性を示しました。私たちは，子どもや他者を，知っていると思い込んでいます。いつも一緒にいると，その人のことをわかったつもりになってしまい，日常生活の中で他者を理解するということについてあらためて考えることは少ないかもしれません。しかし，「既によく知っている」と思い込んでいることによって，私たちはしばしば失敗し，危機に見舞われます。

「知らない」という状態へのリセットは，自分自身の態度を変更することによってのみ可能となります。本書を読んでいただいた読者の皆さんと共に，知っていると思い込んでいる自然的態度から現象学的な超越論的態度への態度変更をおこない，自ら日常の知にエポケーを施し，日々新しく更新される子どもの「今」を理解するということを実践していきたいと思います。

　こうして到達する子ども理解は，マニュアルでは到底得ることのできない新たな子ども理解であり，それは子どもたちに，そして子どもを理解しようとするすべての教師や保護者に，子どもの成長という成果と実感をもたらすことを確信しています。

初出文献

1) 第1章（2）およびゼミナール①は，土屋弥生（2021a）「生徒理解における フッサール現象学の意義」を引用し，本書のために再構成した。

2) 第2章・ゼミナール②は，土屋弥生（2022a）「身体活動を伴う学びにおける『練習』の意義に関する現象学的考察—ボルノウ『練習の精神』の批判的検討から—」を引用し，本書のために再構成した。

3) 第3章およびゼミナール③は，土屋弥生（2022b）「緘黙傾向が見られる児童生徒の理解に関する現象学的一考察」を引用し，本書のために再構成した。

4) 第5章（2）は，土屋弥生（2022c）「不登校児童生徒の指導の方法に関する現象学的人間学的一考察」を引用し，本書のために再構成した。

5) 第5章（3）は，土屋弥生（2021b）「自閉症スペクトラム障害の可能性のある児童生徒を主体性の形成からみた指導—現象学的人間学の視座から—」を引用し，本書のために再構成した。

6) 第5章・ゼミナール⑤は，土屋弥生（2020）「通常学級における発達障害の可能性のある児童生徒の指導・対応について—アセスメントと早期対応の重要性—」（日本学校教育学会2020年度研究大会代替自由研究ポスター発表）の内容を本書のために再構成した。

7) 第6章（2）は，土屋弥生（2022d）「自閉症スペクトラム傾向のある児童生徒の指導方法に関する現象学的一考察」を引用し，本書のために再構成した。

8) 第9章（1）は，土屋弥生（2017a）「生徒指導における身体能力としての教師の実践的指導力に関する試論」を引用し，本書のために再構成した。

9) 第9章（2）は，土屋弥生（2022e）「教職志望学生の効果的な現場体験学習のあり方について—地域・学校・大学の連携の重要性—」を引用し，本書のために再構成した。

引用参考文献

愛知教育大学（2016）「HATO プロジェクト　愛知教育大学　特別プロジェクト　教員の魅力プロジェクト　教員の仕事と意識に関する調査」https://www.aichi-edu.ac.jp/center/hato/mt_files/p4_teacher_image_2_160512.pdf

綾屋紗月（2013）「他者とつながるために必要だったこと」『児童心理』12 月号臨時増刊第 67 巻第 18 号 pp.54-58

ビンスワンガー, L. ／荻野恒一・宮本忠雄・木村敏訳（1976）『現象学的人間学』みすず書房

ベーメ, G. ／梶谷真司・斉藤渉・野村文宏編訳（2006）『雰囲気の美学―新しい現象学の挑戦―』晃洋書房

ボルノウ, O. F. ／大塚惠一・池川健司・中村浩平訳（1985）『人間と空間』せりか書房

ボルノウ, O. F. ／岡本英明監訳（2009）『練習の精神―教授法上の基本的経験への再考―』北樹出版

Buytendijk, F. J. J.（1956）*Allgemeine Theorie der Menschlichen Haltung und Bewegung*, Springer-Verlag.

中央教育審議会（2021）「『令和の日本型学校教育』の構築を目指して―全ての子供たちの可能性を引き出す，個別最適な学びと，協働的な学びの実現―（答申）」https://www.mext.go.jp/content/20210126-mxt_syoto02-000012321_2-4.pdf

深尾憲二朗（2017）『精神病理学の基本問題』日本評論社

グルーペ, O. ／永島惇正・岡出美則・市場俊之ほか訳（2004）『スポーツと人間―［文化的・教育的・倫理的側面］―』世界思想社

橋本美保編集代表（2019）『教職用語辞典（改訂版）』一藝社

発達障害ナビポータル「発達障害の理解のために」https://hattatsu.go.jp/uploads/2021/08/9436e64c2b6366034787c22ede913013.pdf

ヘリゲル, E. ／稲富栄次郎・上田武訳（1981）『弓と禅』福村出版

ヘリゲル, E. ／柴田治三郎訳（1982）『日本の弓術』岩波書店

広田照幸・伊藤茂樹（2010）『教育問題はなぜまちがって語られるのか？』日本図書センター

フッサール, E. ／立松弘孝・松井良和訳（1974）『論理学研究3』みすず書房

フッサール, E. ／渡辺二郎訳（1979）『イデーンⅠ-Ⅰ』みすず書房

フッサール, E. ／立松弘孝・別所良美訳（2001）『イデーンⅡ-Ⅰ』みすず書房

フッサール, E. ／谷徹訳（2004）『ブリタニカ草稿』筑摩書房

フッサール, E. ／立松弘孝・榊原哲也訳（2009）『イデーンⅡ-Ⅱ』みすず書房

フッサール, E. ／渡辺二郎・千田義光訳（2010）『イデーンⅢ』みすず書房

フッサール, E. ／浜渦辰二・山口一郎監訳（2013）『間主観性の現象学Ⅱ―その展開―』筑摩書房

フッサール, E.／浜渦辰二・山口一郎監訳（2015）『間主観性の現象学Ⅲ―その行方―』筑摩書房

金子明友（2002）『わざの伝承』明和出版

金子明友（2005）『身体知の形成（下）』明和出版

河野友信・吾郷晋浩・石川俊男ほか編集（2006）『ストレス診療ハンドブック（第2版）』メディカル・サイエンス・インターナショナル

木田元・野家啓一・村田純一ほか（2014）『現象学事典』弘文堂

木村敏（2001）『木村敏著作集8』弘文堂

木村敏（2005a）『あいだ』筑摩書房

木村敏（2005b）『関係としての自己』みすず書房

木村敏（2007）『分裂病と他者』筑摩書房

木村敏（2012）『臨床哲学講義』創元社

小林正幸（2004）『事例に学ぶ不登校の子への援助の実際』金子書房

小林正幸編著（2016）『実践学校カウンセリング2016』小学館

国立特別支援教育総合研究所「インクルDB」http://inclusive.nise.go.jp/?page_id=15

国立特別支援教育総合研究所・発達障害教育推進センター「社会面でのつまずきと指導・支援」http://cpedd.nise.go.jp/shido_shien/shakai

今野喜清・新井郁男・児島邦宏編（2014）『学校教育辞典（第3版）』教育出版

コルトハーヘン, F. ／武田信子監訳，今泉友里・鈴木悠太・山辺恵理子訳（2010）『教師教育学―理論と実践をつなぐリアリスティック・アプローチ―』学文

社

小谷裕実（2012）「特別支援教育と早期発見・早期療育―その現状と課題―」『そ
　だちの科学』第 18 号 pp.44-49

松尾正（1987）『沈黙と自閉―分裂病者の現象学的治療論―』海鳴社

メルロ＝ポンティ, M. ／竹内芳郎・小木貞孝訳（1967）『知覚の現象学 I 』みすず
　書房

文部科学省（2012）「通常の学級に在籍する発達障害の可能性のある特別な教育
　的支援を必要とする児童生徒に関する調査結果について」

文部科学省（2017）「発達障害を含む障害のある幼児児童生徒に対する教育支援
　体制整備ガイドライン―発達障害等の可能性の段階から，教育的ニーズに気
　付き，支え，つなぐために―」https://www.mext.go.jp/component/a_
　menu/education/micro_detail/__icsFiles/afieldfile/2017/10/13/1383809_1.
　pdf

文部科学省（2021）「令和 2 年度青少年の体験活動の推進に関する調査研究　報
　告パンフレット」https://www.mext.go.jp/content/20210908-mxt_chisui01-
　100003338_1.pdf

文部科学省（2022a）「令和 3 年度児童生徒の問題行動・不登校等生徒指導上の諸
　課題に関する調査結果について」https://www.mext.go.jp/content/2022
　1021-mxt_jidou02-100002753_1.pdf

文部科学省（2022b）「通常の学級に在籍する特別な教育的支援を必要とする児童
　生徒に関する調査結果について」https://www.mext.go.jp/content/2022
　1208-mext-tokubetu01-000026255_01.pdf

村上春樹（2001）『スプートニクの恋人』講談社

中村雄二郎（1992）『臨床の知とは何か』岩波書店

中田基昭（2008）『感受性を育む』東京大学出版会

西村ユミ（2001）『語りかける身体―看護ケアの現象学―』ゆみる出版

岡本夏木・清水御代明・村井潤一監修（1995）『発達心理学辞典』ミネルヴァ書房

榊原哲也（2009）『フッサール現象学の生成―方法の成立と展開―』東京大学部
　出版会

阪根健二（2006）「学校ボランティア活動の実態と課題」『香川大学教育実践総合
　研究』第 13 号 pp.15-22

サルトル, J. P. ／松浪信三郎訳（1999）『存在と無（下）』人文書院

佐藤学（2006）「教師教育の危機と改革の原理的検討—グランド・デザインの前提—」『日本教師教育学会年報』第15巻 pp.8-17

佐藤学（2015）『専門家として教師を育てる』岩波書店

シュミッツ, H. ／竹市明弘・小川侃訳（1978）「身体の状態感と感情」新田義弘・小川侃編『現象学の根本問題』晃洋書房

シュミッツ, H. ／小川侃編（1986）『身体と感情の現象学』産業図書

ショーン, D. ／佐藤学・秋田喜代美訳（2001）『専門家の知恵—反省的実践家は行為しながら考える—』ゆみる出版

シュトラッサー, S. ／徳永恂・加藤精司訳（1978）『人間科学の理念』新曜社

須田康之（2013）「教員養成と地域連携—可能性と課題—」北海道教育大学旭川校地域連携フォーラム実行委員会編『地域連携と学生の学び—北海道教育大学旭川校の取り組み—』協同出版

田中英高（2014）『心身症の子どもたち—ストレスからくる「からだの病気」—』合同出版

谷徹（1998）『意識の自然』勁草書房

谷徹（2002）『これが現象学だ』講談社

土屋弥生（2017a）「生徒指導における身体能力としての教師の実践的指導力に関する試論」『桜門体育学研究』第52集 pp.35-46

土屋弥生（2017b）「V. v. ヴァイツゼーカーのパトス学の観点からの生徒指導に関する人間学的考察」『教師教育と実践知』第2巻 pp.1-10

土屋弥生（2020）「通常学級における発達障害の可能性のある児童生徒の指導・対応について—アセスメントと早期対応の重要性—」日本学校教育学会2020年度研究大会代替自由研究ポスター発表

土屋弥生（2021a）「生徒理解におけるフッサール現象学の意義」『臨床教育学研究』第9巻 pp.126-137

土屋弥生（2021b）「自閉症スペクトラム障害の可能性のある児童生徒を主体性の形成からみた指導—現象学的人間学の視座から—」『学校教育研究』第36号 pp.78-89

土屋弥生（2022a）「身体活動を伴う学びにおける『練習』の意義に関する現象学的考察—ボルノウ『練習の精神』の批判的検討から—」『教育方法学研究』

第 47 巻 pp.25-34

土屋弥生（2022b）「緘黙傾向が見られる児童生徒の理解に関する現象学的一考察」『学校教育研究』第 37 号 pp.86-98

土屋弥生（2022c）「不登校児童生徒の指導の方法に関する現象学的人間学的一考察」『教師教育と実践知』第 7 巻 pp.15-23

土屋弥生（2022d）「自閉症スペクトラム傾向のある児童生徒の指導方法に関する現象学的一考察」『生徒指導学研究』第 21 号 pp.55-64

土屋弥生（2022e）「教職志望学生の効果的な現場体験学習のあり方について―地域・学校・大学の連携の重要性―」『大学地域連携学研究』第 1 号 pp.14-22

内田樹・鈴木邦夫対論（2015）『慨世の遠吠え―強い国になりたい症候群―』鹿砦社

氏原寛・亀口憲治・成田善弘ほか編（2016）『心理臨床大事典』培風館

内海健（2015）『自閉症スペクトラムの精神病理―星をつぐ人たちのために―』医学書院

ヴィゴツキー, L. S. ／柴田義松・宮坂琇子訳（2006）『ヴィゴツキー障害児発達・教育論集』新読書社

ヴァイツゼッカー, V. v. ／木村敏・濱中淑彦訳（1975）『ゲシュタルトクライス―知覚と運動の一元論―』みすず書房

ヴァイツゼッカー, V. v. ／木村敏・大原貢訳（1994）『病因論研究』講談社

ヴァイツゼッカー, V. v. ／木村敏訳（1995）『生命と主体―ゲシュタルトと時間／アノニューマ―』人文書院

ヴァイツゼッカー, V. v. ／木村敏訳（2000）『病いと人』新曜社

ヴァイツゼカー, V. v. ／木村敏訳（2010）『パトゾフィー』みすず書房

山口一郎（2002）『現象学ことはじめ―日常に目覚めること―』日本評論社

横井敏郎（2018）「教育機会確保法制定論議の構図―学校を越える困難―」『教育学研究』第 85 巻第 2 号 pp.186-195

吉田武男監修, 高柳真人・前田基成・服部環ほか編著（2019）『教育相談』ミネルヴァ書房

油布佐和子（2013）「教師教育改革の課題―『実践的指導力』養成の予想される帰結と大学の役割―」『教育学研究』第 80 巻第 4 号 pp.478-490

索　引

【著者紹介】

土屋　弥生（つちや　やよい）

1969 年茨城県水戸市生まれ。
日本大学文理学部教授。学校心理士。
東京学芸大学教育学部初等教育教員養成課程社会選修卒業。
東京学芸大学大学院教育学研究科修士課程（社会科教育専攻）修了。
専門は現象学的・人間学的教育学，臨床教育学。
管理職を含む 24 年間の高等学校教師としての経験をふまえ，学校教育現場における実践知についての教育実践研究をおこなっている。研究で得られた知見に基づき，各地の教育委員会や学校などの研修会で，不登校児童生徒の指導方法，発達障害やメンタルヘルスなどの課題を抱える児童生徒の指導方法についての講演もおこなっている。

教師と保護者のための子ども理解の現象学

2023 年 4 月 3 日　第 1 版 1 刷発行

著　者―土 屋 弥 生
発行者―森口恵美子
印刷所―美研プリンティング（株）
製本所―（株）グリーン
発行所―八千代出版株式会社

〒101
-0061　東京都千代田区神田三崎町 2-2-13

TEL　03-3262-0420
FAX　03-3237-0723
振替　00190-4-168060

＊定価はカバーに表示してあります。
＊落丁・乱丁本はお取替えいたします。